Reader Takes All.

閱讀的所在
Space for Reading

18
Net and Books

閱讀與四種飲食

閱讀可以看作是一種飲食，給大腦的飲食。

談到飲食，我們不能不重視吃的營養是否均衡，

不能不嚮往是否可以培養出美食家的品味。閱讀，也是同理。

第一種閱讀，是為了知識的需求，

很像飲食裡可以吃飽的主食，如白飯、炒飯、炒麵、水餃、饅頭等等。

為了使人生過得更美好，在學業上、工作上、生活上，在生理上、心理上，我們有各種知識的需求。知識需求的閱讀，讀教科書、企管書、心理書、學習電腦書、學習語言書、勵志書等等，都屬於知識類需求。

第二種閱讀，是為了思想的需求，

很像飲食裡高蛋白質的美食，如魚蝦、牛排、大閘蟹等等。

這種閱讀，是為了體會人類生命深處的共鳴，思想深處的結晶。讀文學、哲學、藝術、科學等等，都屬於思想類需求。

第三種閱讀，是為了輔助閱讀的工具需求，

很像飲食裡幫助消化的蔬菜水果。

這種閱讀，是為了幫助查證、參考其他書籍。也就是對於字典、百科全書、地圖、年譜等的需求。

第四種閱讀，是為了娛樂及消遣需求，
很像飲食裡講究口感的甜點零食，如飯後的點心，或日常的
零食，蛋糕、冰淇淋、炸薯條等等。

這種閱讀，主要是為了娛樂、消遣，是一種休閒活動。羅曼史小說、許多
漫畫、寫真集等等，都屬於休閒類需求。

因此，我們每一本書裡，都會有以下的重要內容成分：

1. 有關這個主題的歷史，以及中外大事Map（像是美食）

2. 有關這個主題應該掌握的知識（像是主食）

3. 有關這個主題應該閱讀的50本書（像是蔬果）

4. 有關這個主題好玩的人物，或地點，或掌故（像是甜食）

我們希望在每一本書裡，讀者都能享受到四種閱讀飲食的美味。

網 路 與 書

閱讀與生活　品味與主張

飛機・曠野・星期五晚上

文—郝明義

讀書，本來是書在人在，不必談什麼其他所在。

有時候，又不免覺得，什麼所在讀什麼書，還是應該有個搭配。

◎

1997年10月，我去香港出席一個會，坐一大早的班機。登機不久，注意到隔著走道，左前方位置的一位女郎。

她幾乎是從入座之後，就開始拿出一本書，非常專注地讀了起來。並且不久就拿出一個筆記本，邊讀邊做筆記。

空中小姐來送早餐，她頭都沒有抬地回絕了。

我不免對這個讀者，以及她在讀的書好奇起來。

機窗外，陽光照進來。女郎穿著一身墨綠的無袖洋裝，外罩一件縷空的白色披肩，側影十分秀麗。

而我，等待了好一陣子，好不容易才有個機會偷瞄到書的封面，揭開了謎底。是當時一本極為暢銷，談如何成功的書。

而一直到抵達香港，機艙門打開之前，她都沒有停止專心的閱讀。

◎

同樣的這段旅程，我卻為她手上的書偷換了幾十種想像，甚至懊惱起來，為自己曾經出版過那麼多類似成功主題的書籍而感到罪過。

最最起碼，我多麼希望她手上拿的是一本小說。任何小說都好。

一個陽光那麼美好的早上，一位那麼秀麗的小姐，如果不是在飛機上那麼孜孜不倦地研讀一本探討如何成功的書，多好。

◎

另有一個對比的例子。

在這本書裡，香港城市大學的張隆溪先生寫了一篇文章，談他的一段閱讀經驗。

張教授在文革開始後不久，到四川南部一個山區下鄉，在那裡當了三年農民。當時他的體重不到一百磅，沒有足夠的食物，生活非常艱苦。唯一陪伴他的，是兩本書。其中一本是希臘羅馬文學的讀本，內容包括英譯荷馬史詩、希臘悲劇等等。

在那個荒涼的山村，夜裡他只能在自製小煤油燈的微弱光線下讀書。

也因此，當他讀《伊底帕斯王》讀到最後一句，「在一個人生命尚未終結，沒有最終擺脫痛

苦和憂傷之前，不要說他是個有福的人」的情境，格外逼人。

他回憶讀完這最後一句時候的場面是這樣的：「正是午夜之後，四圍是無邊的暗夜，只有一燈如豆，映照出索福克勒斯悲劇那驚心動魄的文字。……竹林裡一陣蕭瑟的風聲，河裡遠遠傳來潺潺的水聲，我好像獨自一人處在洪荒曠野之中，感受到天地自然那種原始、神祕而無可抗拒的力量。」

一個蒼茫的時間與空間裡，如此讀了伊底帕斯王的悲劇，也是不免令人說一句，多好。

◎

對我這樣一個工作時間被分割得七零八落的上班族而言，最切身的還是星期五晚上在家裡讀自己的書的時間。

星期五晚上，和星期六晚上是不同的。星期五的晚上，因為你覺得未來有完整的四十八個小時，所以，夜是年輕的。何況，四十八小時也已經相當於永恆。

在這樣的夜裡，沒有追兵，沒有來人，沒有電話，也沒有搭配。

你和你讀的書之間，只存在著一種微微的溫暖之意。

Net and Books 網路與書 18

閱讀的所在

經營顧問：Peter Weidhaas　陳原　沈昌文
　　　　　陳萬雄　朱邦復　高信疆
發行人：郝明義
策劃指導：楊渡
本輯責任編輯：藍嘉俊
編輯：冼懿穎・蔡佳珊・傅凌
叢書主編：劉慧麗
網站編輯：莊琬華
北京地區策畫：于奇・徐淑卿
美術指導：張士勇
美術編輯：倪孟慧・張碧倫
攝影指導：何經泰
企畫助理：鍾亨利
行政兼讀者服務：塗思真
法律顧問：全理法律事務所董安丹律師

出版者：英屬蓋曼群島商網路與書股份有限公司台灣分公司
台北市105南京東路四段25號10樓之1
TEL：(02)2546-7799
FAX：(02)2545-2951
Email：help@netandbooks.com
網址：http://www.netandbooks.com
郵撥帳號：19542850
戶名：英屬蓋曼群島商網路與書股份有限公司台灣分公司

總經銷：大和書報圖書股份有限公司
地址：台北縣新莊市五工五路2號
TEL：886-2-8990-2588
FAX：886-2-2290-1658
製版：瑞豐實業股份有限公司
印刷：詠豐印刷股份有限公司
初版一刷：2005年9月
定價：台灣地區280元

Net and Books No.18
Space for Reading
Copyright © 2005 by Net and Books
Advisors: Peter Weidhass　Chen Yuan
　　　　　　 Shen Chang Wen　Chan Man Hung
　　　　　　 Chu Bang Fu　Gao Xin Jiang
Publisher: Rex How
Editorial Director: Yang Tu
Executive Editor: Chia-Chun Lan
Editors: Winifred Sin・Julia Tsai・Fu Ling
Book Series Editor: Liu Huili
Website Editor: Lucienna Chuang
Managing Editor in Beijing: Yu Qi・Hsu Shu-Ching
Art Director: Zhang Shi Yung
Photography Director: He Jing Tai
Marketing Assistant Manager: Henry Chung
Administration: Jane Tu
Net and Books Co. Ltd. Taiwan Branch（Cayman Islands）
10F-1, 25, Section 4, Nanking East Road, Taipei, Taiwan
TEL: +886-2-2546-7799
FAX: +886-2-2545-2951
Email: help@netandbooks.com
http://www.netandbooks.com

本書之出版，感謝永豐餘參與贊助。

CONTENTS
目錄

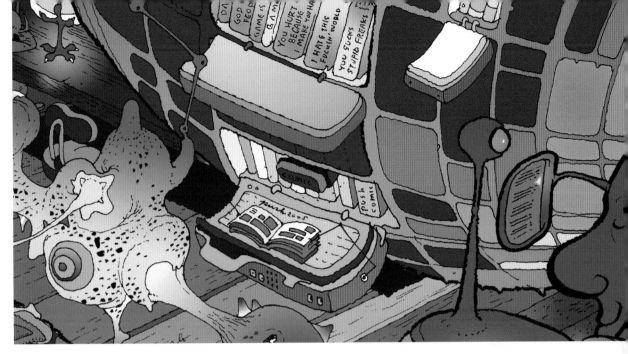

圖片提供：Mr. p

圖片提供：Sawaya & Moroni

目錄 9

永續

掌握世界的變動節奏，拉近人文和經濟的落差，

以利他的理念，落實企業的經營和社會的責任。

保育

永豐餘　http://www.yfy.com

奈米、生物科技透過e化的平台，不斷地在造紙、印刷、顯示等產業

創新服務，共創優質生活的未來。

Part 1

氛圍
Mood

Françoise Sagan

莎岡 （1935~2004）

有一件令我覺得懊悔的事，我從來都沒有足夠的時間去閱讀所有我想閱讀的書。

The one thing I regret is that I will never have time to read all the books I want to read.

一個十八歲的少女，取了普魯斯特小說中人物為筆名，然後用六個星期的時間寫出一部暢銷兩百萬冊以上，譯成十五種語言的《日安憂鬱》。莎岡的傳奇，發生於1953年。這是她在家裡閱讀，攝於1976年，當時四十一歲。（Solange Cazier-Charpentier/ Corbis）

Rabindranath Tagore

泰戈爾（1861~1941）

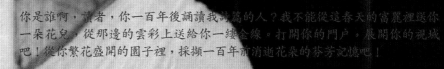

你是誰啊，讀者，你一百年後誦讀我詩篇的人？我不能從這春天的富麗裡送你一朵花兒，從那邊的雲彩上送給你一縷金線。打開你的門戶，展開你的視域吧！從你繁花盛開的園子裡，採擷一百年前消逝花朵的芬芳記憶吧！

Who are you, reader, reading my poems an hundred years hence? I cannot send you one single flower from this wealth of the spring, one single streak of gold from yonder clouds. Open your doors and look abroad. From your blossoming garden gather fragrant memories of the vanished flowers of an hundred years before.

泰戈爾是一位詩人，是一位音樂家（印度和孟加拉的國歌都是他的作品），
也被稱為「孩子的天使」。這是他向一群學生朗讀，攝於1929年。（E.O. Hoppe/ Corbis）

Isaac Asimov

艾西莫夫（1920~1992）

我讀書的速度不快，但是我理解的速度很快。
I am not a speed reader. I am a speed understander.

艾西莫夫不只以科幻小說之父著稱，他一生閱讀之廣，被譽為「據說有史以來，只有他這一位作家寫遍『杜威十進分類法』：000總類、100哲學類、200宗教類、300社會科學類、400語文、500自然科學類、600科技、700藝術、800文學、900地理。」這張照片攝於1989年，可以看出一個自稱希望死於打字機前的人，多麼饑渴地不想浪費一分一秒於閱讀與寫作之間。（Douglas Kirkland/ Corbis）

Arthur Conan Doyle

柯南・道爾

（1859~1930）人應該把他腦袋裡的「小閣樓」貯存所有自己常用的「家具」，餘下的則可收納在圖書館的「柴房」內，以備需要的時候拿來取用。

A man should keep his little brain attic stocked with all the furniture that he is likely to use, and the rest he can put away in the lumber-room of his library, where he can get it if he wants it.

「福爾摩斯」的創造者，柯南・道爾在家裡閱讀，攝於1912年。這時他已經以軍醫身分參加南非的波爾戰爭回來。這一年，他還創作了科幻小說《失落的世界》。（E.O. Hoppe/ Corbis）

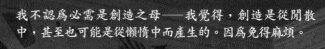

我不認為必需是創造之母——我覺得，創造是從閒散中，甚至也可能是從懶惰中而產生的。因為免得麻煩。

I don't think necessity is the mother of invention--invention, in my opinion, arises directly from idleness, possibly also from laziness. To save oneself trouble.

Agatha Christie
克莉絲蒂（1890～1976）

克莉絲蒂在她家（Greenway House）的書房內閱讀，攝於1946年。如果拿「閱讀」兩個字來替換她所說的「創造」，我們就知道為什麼我們要臣服於這位推理小說女王的腳下。
（Hulton-Deutsch Collection/ Corbis）

Hu Shih
胡適（1891~1962）

無論讀什麼書總要多配幾副好眼鏡。

胡適前半生所藏上萬冊書皆留北京，只帶了一套甲戌本《紅樓夢》作為紀念。到台灣後，胡適重新開始聚書，但規模不及原來，許多學術研究用書，就都靠中央研究院史語所及其他一些圖書館的藏書了。這張圖攝於胡適任中央研究院院長（1958~1962）時期，他在任內一次主持院士迎新酒會後心臟病猝發去世。（台灣文史研究工作室）

Ernest Hemingway
海明威（1899~1961）

好書的共通之處，在於它們比現實更真實。

All good books have one thing in common—they are
truer than if they had really happened.

1954年海明威去非洲狩獵，在烏甘達飛機失
事，傷及頭部，給他留下嚴重的後遺症。但也
在這一年十月，海明威得了諾貝爾文學獎。這
張照片是他那一年在非洲臥「傷」在床，休養
閱讀。（Bettmann/ Corbis）

Maps
一個有待補充的筆記

編輯部

中國與讀書環境相關大事紀

第 **1** 個階段（到公元開始）
閱讀的所在，處處受限。

就書籍的形態（硬體）來說，由於紙張還沒有發明，是不方便移動的。在中國，書籍要利用竹簡、龜甲、鐘鼎、石頭的形態，布匹算是最輕的了。在西方，則主要是羊皮紙。

書籍的內容（軟體），因為受限於硬體的不便，也相當集中於某些種類而已。

最早的中國文字可能始於結繩，除了《易經》繫辭下說明書契及文字，許慎《說文解字》序中又說：「神農氏結繩為治，統其事。」

傳說中，皇帝的史官倉頡造字。

甲骨文產生之前，漢字已歷經漫長發展。裴李崗文化賈湖遺址的龜甲和石柄的刻畫符號，某些字與甲骨文類似，或為中國最早文字雛型。

約前1765~前1122年

刻於龜甲、牛肩骨之上殷商時代「甲骨文」為中國最古文字。此乃百科全書式文字檔案庫，可供了解殷商社會文化狀態。文字出現初期，僅貴族與占卜的人得以閱讀。

毛筆起源最早可溯至中國新石器時代，戰國時候的蒙恬是集大成的改良者。1980年，陝西臨潼姜寨村發掘一座距今5000年前的墓葬，計出早期毛筆書寫的證據。

商周時期，青銅器上的鑄刻文字，後稱「金文」，又稱「鐘鼎文」。後來到周朝，史官史籀（大約公元前8、9世紀之交），整理「金文」成十五篇《史籀》，後稱「籀文」，又稱大篆字體。

夏	商		西周	
4000BC. 3000BC. 2000BC.	1200BC.	1000BC.		800BC.

以歐美為主的其他地區與讀書環境相關大事紀

另外，有資格和機會閱讀的人（受體），也有特別條件，屬於特殊階級，譬如貴族、有資格祈求神諭的人等等。中國的情況，還比較好一些。這些，都限制了閱讀的所在能有多少變化。

前30000~前12000年，法國和西班牙北部的兩百多處，以赭石在洞穴壁畫，描繪跳躍中的動物姿勢。

前4000~前3000年左右，兩河流域蘇美人的廟區設有現知人類最早的學校，提供祭司及管理人員學習楔形文字及祭司階級所需知識。

約前3300~前3000年，古埃及人使用尼羅河三角洲遍地的紙莎草的莖做紙，名為紙莎草紙「Papyrus」。當今英文的「Paper」就是源於此。

埃及人重視教育，設置廟宇和宮廷學校訓練僧侶和官吏，不過限於男性。

前3000年，印度河谷文明達到頂峰，以類似石印的動物或文字刻章書寫。

前1300~前612年，亞述帝國尼尼微城中的辛那赫里布王宮殿閣，大量收藏宗教學問及實用知識泥版文書。巴尼拔國王圖書館中的十二塊殘缺泥版，為現存最完整的《吉爾伽美什史詩》文本。

約前1000~前700年，希臘人以陶瓷作為生活器具。後期瓷器則有刻印史詩及描繪生活的紋飾風格。

前8世紀左右，希臘人還沒有自己的文字，由歷代的吟唱詩人流唱《奧迪賽》與《伊里亞德》兩大史詩。

前5世紀，希臘文字系統建立。從文獻記載中得知，此時的雅典已有書本的交易與收藏的現象。

西周時代，社會階級嚴明制度之中，貴族壟斷學校教育，稱為「官學」。周公參考殷禮，建立典章制度。貴族需學習六藝，以禮為首要。但禮不下庶人。

春秋戰國時期，大批士人流落民間，講課授徒，開私學先鋒。孔子（前551~前479年），「有教無類」、「因材施教」的思想，成為打破閱讀資格與層級最代表的人物。這也是諸子百家的時代。

湖北隨州市擂鼓墩曾侯乙墓（1978年發掘），出土中國最早的一批竹木簡。簡文記載，曾國乃楚國之附庸小國，故竹簡字體風格與楚文字一致。

戰國時期，各國國政獨立，各自在書寫字體上產生一些變化，或是另創新字，因而出現了「言語異聲，文字異形」的局面。秦始皇統一中國，「車同軌，書同文」，由李斯、趙高等根據「大篆」來調整出「小篆」的統一寫法。

到秦始皇三十五年（前212年）「焚書坑儒」，由於大興戍役，官獄職務繁重，又令程邈整理出「隸書」，以方便書寫，後來則通行民間。秦末，項羽攻進咸陽燒阿房宮，秦朝官藏的書籍化為灰燼，小篆及先秦文字由此灰飛湮滅，成為所謂的「古文」，漢朝普遍使用隸書，稱之為「今文」。

前156~前141年，魯恭王欲修孔宅，得古文於壁中。漢哀帝年間，劉歆倡議「古文經」，上書請立官學，為五經博士拒絕，引發「今文經」、「古文經」之爭。

前49~前33年漢武帝獨尊儒術，使先秦百家盛況盡抑；令郡國普遍設學，還創設最高學府太學，招收貴族或平民隨五經博士誦習經書。漢武帝遣張騫出使西域，開啟絲綢之路。

前91年，司馬遷（前140~前90年）歷十八年撰成《史記》。乃中國第一部紀傳體，也是一部貫穿古今的通史。

西漢元帝（前49~前33年）時的史游所編的《急就篇》，是識字啟蒙字書的另一個代表。《急就篇》又名《急就章》，共收2,168字。

前26年，成帝河平三年，劉向、劉歆父子開始編《別錄》與《七略》，歷時二十一年完成，成為中國古典目錄學奠基之作。因為識字是當時小學教學的主要課目，《七略》把識字讀本編為「小學」。

《漢書》《藝文志》首次定義小說：「小說家者流，蓋出於稗官，街談巷語，道聽塗說者之所造也。」

春秋	戰國	秦	西漢	新莽	東漢
600BC.	400BC.	200BC.	50BC. 0		

前5~前4世紀猶太人的《聖經》也就是《舊約聖經》完成。猶太民族離失所於西亞及歐洲兩千多年的時間裡，完全是憑藉對一本《聖經》的閱讀與信仰，而維繫住自己民族的存在。而這一部《聖經》也成為日後整個西方文明的共同基礎。猶太人是最懂得閱讀的價值的民族，《聖經》也是影響人類極大的一本書。

前400年左右，羅馬人建立了拉丁字母系統。英文school源自希臘文schole，原意為休閒之意。古希臘人認為個人休閒時間花在學習與思考，乃天經地義之事。故schole不僅意謂休閒，且有「學習所在」之意。許多古希臘人皆被古羅馬人聘為家庭教師，故schole即羅馬人拉丁schola字源，除保留休閒之意，亦具有學習場所之意。

前387年，柏拉圖（前427~前347年）在雅典創辦學園（Academy）。

前335年，亞里斯多德（前384~前322年）創立「Lyceum」學園。

前334年，亞歷山大從馬頓開始出擊波斯，開展一個新的帝國，也開始了希臘化時代，希臘文明普傳到各地。

前323年，亞歷山大大帝死，帝國分崩，其中，他的部將托勒密取得埃及。托勒密熱愛知識與文化，把埃及的亞歷山大建設成一個輝煌的文化中心，不但有宏偉的博物館和圖書館，也吸引了諸如歐幾里德、希洛、阿幾米德等許多多科學家與文學家前來研究，綻放出各種思想成果，為一千年後的文藝復興時代做了基礎工作。亞歷山大圖書館約有藏書七十萬手抄紙草卷。藏書皆為希臘文，只有《舊約聖經》一書譯自希伯來文。前47年，凱撒攻下亞歷山大城，焚燒圖書館，七十萬卷圖書大多付諸一炬。

前263年，印度文字出現，其中的婆羅米文字成為今天印地語的重要基礎。

前2世紀，埃及和小亞細亞的帕加馬（Pergame）敵對，帕加馬國王阿塔爾一世甚至建立圖書館，欲與亞歷山大圖書館一爭高下。由於埃及拒絕供應紙莎草紙，故帕加馬自行發展兩面都能書寫的羊皮紙（Parchment）。因它可呈現鵝毛筆飽滿的色彩，也可摺成書本，遂逐漸取代紙莎草紙。

從希臘時代起，豪門貴族及社會裡的公民就可以享受奴隸的服務，透過知識學習累積更多的資產；但奴隸苦無受教機會，遂無法翻身脫離被奴役的困境。到羅馬時期更甚。羅馬興起後，在軍事上征服希臘，但在文化上卻為希臘所征服。

屋大維時期，號稱羅馬文學黃金時期。前59年，現知最早的新聞成品是羅馬每日發行的《每日紀聞》（Acta Diurna），記錄當時重要社會與政治事件，並張掛於眾所周知的地方。

奧維德（前43~前18年）代表作《變形記》描寫希臘、羅馬神話中人神的變化故事，有「神話辭典」之稱。

105年，蔡倫用樹皮、麻頭、布及破魚網造紙，並獻給漢和帝，和帝核定通令全國推廣。人稱該紙爲「蔡侯紙」，使漢朝的造紙術有了集大成的發展。

121年，許慎歷時二十二年撰成《說文解字》，是中國第一部字典。首創部首方法，也奠下解釋中國文字的一種理論基礎，影響後世深遠。

隸書到漢朝演化成「章草」（有別於後來書法中龍飛鳳舞的狂草），到公元3世紀（漢末魏初），王次仲創「楷書」字，成爲後來中國人最通用的書寫方法。

第2個階段（從公元開始到15世紀）
中國的發展與西方的封閉。

在中國，出現了紙張和印刷術的發明，解放了閱讀的硬體。

讀者身分也在中國先解放。從漢朝至南北朝，每一次時代大變動，就打破一些階級，讓更多的人閱讀。到隋唐出現科舉制度後，閱讀才得以眞正確立全民化。但也因爲科舉，使得閱讀與

東漢末年以及三國時代，由於戰亂頻仍，國家藏書在大亂中損失慘重。西晉時，朝廷大力收集典籍，荀勗把書籍分爲經史子集四部。

東漢末年開始，各種異體字、簡化字、新字出現很多，到了南北朝中國長期分割之後，文字的使用更進一步失去了統一的規範。隋唐之後，因爲訂正經典中文字的需要，產生了專講「字樣」的字書。南北朝時期在文字形體上產生的許多異變，也呈現在讀音的異變上。如此在閱讀古籍上產生讀音、識字的困難，出現了要靠「韻書」來解決發音問題的需要。

從三國時代而到南北朝，有九品中正制度，以推薦遴選的方式，把選拔人才的範圍擴大。但是由於推薦遴選的人容易被把持、買通，所以越是上層社會的人越有機會，於是因襲以成門閥惡風。

587年，隋文帝廢除九品中正制度，開科舉取士的制度，人民從此真正不論出身高低，以考試來定勝負，成爲很公平的遊戲規則，影響中國直到清朝末年。中國人讀書喜歡爲了考試，其來有自。

明朝永樂年間（1403～1424年）科舉考試以《五經大全》與《四書大全》做爲法定課本，從此程朱理學成讀書人思想的唯一出口，是科舉爲人詬病之一。

737年，李白作〈將進酒〉。

三國	西晉	東晉	南北朝	隋
200		400		600

飛黃騰達產生聯想，使得中國的閱讀活動受到相當扭曲。

西方進入所謂的中世紀「黑暗時代」，閱讀硬體的解放要再晚一個階段。中世紀的修道院制度建立後，西方的閱讀活動範圍，即以修道院的空間爲主。

羅馬科學家老普林尼（Plint the Elder，23年~79年），著有三十七卷百科全書式的《自然史》。17世紀前，始終被西方學界奉爲權威性著作。

公元第2世紀左右，基督徒爲了希望能和異教徒閱讀紙草捲的傳統有所區隔，開始使用一頁頁訂成冊，每一頁可以兩面書寫的Codex。即今天書籍的原型。第4世紀開始的時候，基督教成爲羅馬的官方信仰，到第4、第5世紀之間，Codex已經全面取代紙草捲的閱讀。基督信仰成爲主流之後，開始以異教信仰的名目破壞希臘文化，到529年，拜占庭皇帝查士丁尼（Justinian I，527~565年在位）查禁柏拉圖學園。希臘思想與文化不復見於歐洲。

歐洲進入中世紀後的書籍，文字主要和基督信仰有關，圖畫也強調聖畫（Illumination），以及其後的象徵畫（Iconoclasm）。

830年，伊斯蘭阿拔斯王朝國王哈里發在巴格達建立智慧館。該館翻譯了古希臘、波斯語、梵語、古敘利亞及希伯來語等各種人文著作，保留古希臘文明的豐富遺產。十字軍東征之後，歐洲即是從阿拉伯文翻譯古希臘哲人著作，找回古希臘文明。

768年，查里曼成爲法蘭克國王，想要重振羅馬帝國雄風，800年，被封爲西羅馬帝國國王。查里曼重視文化與教育，請學者制定一種特別的加洛林書寫字體。每個字相互獨立。是後來羅馬字體的濫觴。他鑑於各種手抄本書籍之疏漏，爲正本清源，在宮中設立學院，要求僧侶整理、翻譯出各種書籍最早且最權威的版本，以加洛林字體精心謄寫，並打上特殊標記，以作爲精確的複製版本。

第3世紀，百濟王國遣使到日本，帶去《論語》等書，中國文字傳入日本。

早期的基督教修道院，以4世紀隱居在埃及沙漠的聖安東尼最為著名。中世紀修道院負起傳播及保護神學文獻的使命。

751年，高仙芝率七萬人與大食國（今阿拉伯）二十萬人交戰，戰敗。從此唐朝無力再向西開拓疆土，大食國也打消征服中國的念頭。唐朝軍隊被俘的人中有造紙工匠，造紙術因而傳入撒馬爾罕（今天烏茲別克境內）。

1066年，司馬光開始編撰中國第一部編年體通史巨著《資治通鑑》，歷時十八年。

1074年，蘇東坡作〈水調歌頭〉。

隋代於中央設國子寺，後改名國子監，這是中國首設的教育行政機構。

唐代，興辦各層級學校以選拔人才，但各校入學資格有明顯等級性。
宋朝以後的學校有官學、書院兩大系統。北宋，民間辦的書院勃興，成為辦學的重要方式，有聞名全國的「四大書院」。一般指的是廬山「白鹿洞書院」、長沙「嶽麓書院」、河南登封「嵩陽書院」、商丘「應天府書院」。

到南宋時期，朱熹重建「白鹿洞書院」，更除了對後世教育影響深遠外，亦成為傳播理學中心。

書齋被引為書房之用，見於唐朝王勃（650~676年）詩中之句：「直當花院裡，書齋望曉開。」
至於文房引為書房之用，見於杜牧（803~852年）詩中之句：「彤方隨武庫，金印逐文房。」
「文房四寶」（筆、墨、紙、硯）一詞最早由北宋蘇易簡（958~996年）《文房四譜》提出。

明初、清初，文字獄氾濫，對思想與言論形成拑制。

范欽在浙江創建「天一閣」，藏書之富，首屈一指。之後雖歷經劫難，至今猶在。

永樂年間（1403~1424年），三寶太監鄭和銜命下西洋，最遠曾到達非洲海岸。

進入唐朝後，太平盛世，不論是科舉還是文學創作所需，都使得抄書業再進一步發展，專以抄書為職業的人叫「經生」。龐大的抄書與閱讀需求，到7世紀末，武則天時期催生了雕版印刷術，為世界雕版印刷之始。
宋朝畢昇發明膠泥活字印刷術，為世界最早的活字印刷術。有關畢昇的發明，見於宋朝沈括所著《夢溪筆談》，但使用畢昇方法印刷的書籍流傳下來的很少。1298年，王禎改進畢昇的膠泥活字，創造了木活字。到明朝中期，再有銅活字印刷術的發明。

雕版印刷之後，開始有「版本」的名稱，同時也催生了出版業的發展。安祿山之亂後，四川未受戰亂影響，成為出版業的中心，著名的卞家、過家，都兼作出版和發行。

早期的出版，做的都是曆書和佛書，屬於休閒之用。到了後唐馮道，奏請由國子監用雕版印售儒家經書。這是政府主辦出版活動的開端，也是儒家經典第一次開雕。毋昭裔當上後蜀宰相，出資百萬在四川開館雕《九經》，毋氏書籍遍銷海內，成為中國第一個賣書致富的私人出版家。

1088年，沈括退隱於「夢溪園」，此後八年間陸續完成科學著作《夢溪筆談》等書。

1126年，靖康之亂。北宋的印刷術達於高峰。靖康之亂後，國子監所有版本，全數為金人所掠。所以真正的北宋版本傳世不多。明代嘉靖、萬曆之後，私刻書遠盛於以往任何一個朝代。坊肆林立，品質則不如宋元刻本。並且由於刻書有利可圖，趨利者眾，不但校刊不夠精細，許多書籍甚至擅改內容與書名。因而後來考據家有一說：「明人好刻書而古書亡。」

唐	五代	北宋	南宋	元	明
800	1000	1200			1400

512~513年，阿拉伯文字出現。

6世紀，基督教僧侶狄奧尼修斯推斷耶穌誕生在羅馬建城後的754年，以該年作為基督紀元元年編制教會年曆表（Anno Domini，縮寫為A.D.）。後史家彼得又以Before Christ（縮寫為B.C.），表示基督誕生之前。

610年，穆罕默德（570~632年）創立了伊斯蘭教。

622年，穆罕默德率信眾逃到雅斯里伯（Yathrib）避難，該地後改名為麥地那（Medina），此後伊斯蘭教「聖遷」（Hegira），伊斯蘭教元也於這年開始。

650年，《可蘭經》以阿拉伯文字記錄下來。

7世紀，造紙術由朝鮮傳入日本。

9世紀，造紙術由中國透過阿拉伯世界傳入大馬士革，11世紀傳到埃及，之後再傳到西班牙。印刷術進入歐洲，加速歐洲知識傳播的普遍。

日本「物語」是日本古代文學的一種體裁，約產生於10世紀初期的平安時代，受到中國六朝、隋唐傳奇文學影響而形成。

西方最早的學堂，應屬9世紀一所在義大利薩萊諾（Salerno）的知名醫科學校。但第一所真正的大學，則是1158年在義大利成立的波隆那大學。因開授宗教法規和民法課程，受到各方稱道。隨後各國陸續成立大學。

13世紀，《聖經》使用字序索引編目法，作為語詞索引。

13世紀中期，中國的活字印刷術傳入高麗，朝鮮最早發明金屬活字印刷術。

13世紀之前，書是貴族和僧侶的世襲專利品，只有他們才能訂製並擁有書籍。之後，許多富人也開始收集書籍。書的類型和數量開始增多，新的文學型式受到歡迎。
但丁（Alighieri Dante，1265~1321年）開歐陸方言文學的先鋒，以佛羅倫斯的方言完成名著《神曲》。方言文學的發展，讓基督新教成功的以地方語言翻譯聖經，對抗拉丁文聖經的信仰權威。

1095年十字軍東征開始，前後八次，至1291年。雖然勞民傷財，卻也帶動東西文化交流，把歐洲人已經遺忘了的古希臘文化，與阿拉伯世界的繁華與文明帶了回來，種下日後文藝復興運動的種子。

中世紀早期歐洲的圖書館採用三藝、四學的類目來分類圖書，三藝指「語法、邏輯和修辭」，四學指「算術、幾何、天文和音樂」。

唐代中葉，韓愈（768~824年）反對風行自六朝之駢文，主張古文概念，以發揚儒道。北宋歐陽修等人延續，形成唐宋的新古文傳統。這個傳統可以說是化駢文為散文。

八股文起於宋，則是駢文的一種，和當時的散文形成對立。到明朝時候因為定為科舉時的標準文體而日受重視，到清朝時候更達於巔峰，實行成散文的駢文化局面。清末民初，八股文連同科舉制度，都被視為落伍的代表，終於被時代所淘汰。

1583年，明萬曆年間，耶穌會教士傳播基督教義同時，也傳入大量科學新知，但僅皇帝及朝臣接觸，不下庶民。至清朝，雍正禁傳教，加諸教廷對華傳教政策改變而中斷。《四庫全書》載利瑪竇1605年編著的《乾坤體義》為「西學傳入中國之始」。

艾儒略（1582~1649年）著《西學凡》介紹歐洲辦學，為西方教育學傳入中國濫觴。

1631年，明崇禎四年，計成撰著名造園藝術著作《園冶》。中國園林萌發於商周，成熟於唐宋，至明清ют鼎盛。園林建築讓居於城市的文人雅士得以「大隱隱於市」，寄託出世的想望。

明徐霞客（1587~1641年），二十一歲應應時考察自然風氣而出遊，歷三十餘年，遍及十六省區。記錄其過程的《徐霞客遊記》已為重要地學著作，首對喀斯特地貌詳細記述，深具科學價值。

明代使用大統曆和回回曆，屢有誤差。崇禎皇帝命徐光啓等人與傳教士湯若望、羅雅谷等人修曆。匯聚中西科技成果的《崇禎曆書》於1634年編成。

「書房」為台灣清領時期最普及的教育機構，亦稱「學堂」、「書館」，多由私人經營。

北京琉璃廠書街，因元、明設官窯燒琉璃瓦件而得名。康熙三十三年（1694年），窯廠奉旨由窯戶自辦，故廠門外紛紛設攤營業，逐漸形成小街市，臨時性書攤也雜處其中且生意興旺，加上各省會館聚集，官員、應考舉子來往暫居，促成發展為著名書肆。

第 3 個階段（16世紀到19世紀末）源自於西方的解放。

西方以古騰堡與文藝復興與揭開序幕，再加上啓蒙時代的接續，不論從書籍的閱讀硬體，還是內容的軟體，都得到徹底的爆炸性解放。閱讀者的身分更得以最大的普及。同時，隨著航海與殖民時代的開展，工業革命帶來各種交通工具，都把閱讀的所在拓展到前所不能想像的境界。

1704年，清康熙43年，台灣第一所正式書院「崇文書院」創立。

	明	
1400	1500	1600

而前兩個階段領先潮流的中國，這個階段由於印刷術與科舉制度的發展都進入穩定的階段，因此不論在硬軟體上都變化不大，種下後來與西方文化接觸時措手不及的倉皇。

眼鏡拓寬弱視及近視者閱讀的空間。其發明有二說法，一說為13世紀義大利人發明，另一說為中國人發明後傳入西方。

15世紀，比羊皮紙便宜許多的紙張，大量供應，廣泛使用。為印刷術出現做好準備工作。當時書籍在歐洲是極為稀少的。1424年，劍橋大學的存書不過122卷。一個私人藏書家如果有20卷藏書，就已經大可以誇耀一番了。1429之前，書寫字體在佛羅倫斯臻於完備，成為羅馬體的基礎，也為日後印刷字體定下基礎。
1448年，德國古騰堡（1400~1469年）發明鉛版活字印刷術，書籍進入大量印刷、普及的階段。該發明對歐洲各地文學的興起，文化的廣披，以及文藝復興及宗教改革，都有關鍵作用。

文藝復興運動緊接著發生，歐洲從中世紀的莊園及城堡時代，進入城市時代，從農業時代進入商業時代。

1503年，達文西開始畫《蒙娜麗莎》。

哥倫布（1451~1506年）從小喜歡讀《馬可·波羅遊記》，嚮往東方之富庶。他堅信地圓說，認定從大西洋向西航行也能到達中國。1492年，哥倫布發現新大陸。歐洲開始進入航海時代，向世界展開探尋。

畫廊（gallery）起於16世紀，西歐王宮貴族將其蒐藏之藝品陳列於皇宮別墅的府邸迴廊。19世紀起，畫廊轉為供民眾欣賞藝品的空間，多數私人畫廊也是銷售藝術品的場所。

17世紀頭20年，在德國、義大利和荷蘭出現定期出刊的報紙。日本德川幕府時期（1603~1867年）也有刊載社會新聞的單面印刷品發行。

西班牙貴族伊格那修·羅耀拉於1535年建立耶穌會，大量耶穌會士於明末清初到中國傳教。

1545年，格斯納（Conrad Gesner，1516~1565年）編制《世界書目》（Bibliotheca Universalis），區分知識為21大類，250個細目，這是歐洲第一部大型書目，書中按字序羅列1800個作者的著作、註釋與評價。

公報形式源於英國16世紀中前，私人定期發行的「時事通訊」。至17世紀，愈來愈多的官方刊物採用公報名稱，例如創辦於1665年，英國第一家《牛津公報》。

1559年，羅馬異端裁判所出版了第一本《禁書索引》，列出對天主教信仰及道德造成危害的著作，以教育群眾。

因地理知識不足，無法繪製準確中國地圖，康熙命張誠於1708年啓動測量工作，先後有十餘名傳教士參與，於十年後完成《皇輿全覽圖》。

1716年，張玉書、陳廷淨等人奉命編《康熙字典》，分為214個部首，共收字47,035字，是古代字書的大成之作。

1772年，乾隆（1736~1795年）命紀昀、戴震等人編纂《四庫全書》，於隔年設立「四庫全書」館。透過徵集圖書，藉機銷毀對朝廷統治不利的書籍，其中不乏重要著作。

「女書」過去流行在湘和桂部分地區，為世上唯一的女性文字。其特徵為字體娟細秀雅、長菱形字形。隨清末民初女性接受漢字教育水平提高，反讓女書瀕臨滅絕。近年，女性研究學者透過女書尋找歷史文獻中經常缺席的女性文化。

1860年，上海創立美華印書館，近代機器印刷輸入中國。

1862年，洋務派在北京創「京師同文館」，培養翻譯人員。此乃近代新式學校的發端，也是最早的班級授課學校。隨後並跨足印刷、出版，引進西方典籍。

1902年，併入京師大學堂。這是中國首次改革傳統教育，也是洋務教育的重要政策。

⑲世紀70年代起，因「洋務」所需，清朝派遣學生留學；20世紀初，爲推行「新政」而派遣更多；同時，廣大知識分子爲尋求強國途徑，紛紛爭取到國外學習，從而形成留學熱潮。

1872年，馬偕抵台傳教，陸續創立「理學堂大書院」、「淡水女學堂」，引進西洋教育和知識。後創立「偕醫館」，成為北台灣西醫的倡導者。
1880年，光緒六年，中國出資興建唐胥鐵路，中國擁有第一條鐵路。
1884年，《點石齋畫報》創於上海，為中國最早的畫報，對引入新知、開拓視野有重大貢獻。
1885年，光緒十一年，西學堂創立，安排現代學校教育課程。劉銘傳寄望以此為推動自強新政的基礎。
1895年，甲午戰爭。戰後，中國知識分子開始思考引進西方的新式學堂。當年6月，日本統治台灣，建立「國語傳習所」。

1897年，光緒二十三年，林紓與通曉法文的王壽昌合譯小仲馬《巴黎茶花女遺事》，開翻譯西洋小說之端。他擅長文言文語法翻譯，譯筆輕快明爽，又陸續完成了歐、美、日多國文學作品一百八十餘種，風靡全國且備受讚揚。1898年，自強運動之後，中國痛定思痛遂大量翻譯新學。嚴復譯《天演論》，張之洞的《勸學篇》，提出「中學爲體，西學爲用」，該主張雖有急迫性，卻也造成了「中學」與「西學」系統的割裂。

1897年，清光緒二十三年，商務印書館在上海成立，開中國現代出版之序幕。
1898年，明治31年，《台灣日日新報》由《台灣新報》、《台灣日報》合併而成。《台灣日日新報》為日治時期台灣發行量最大、最久的報紙。

1899年，青島市開辦膠州圖書館。這是第一座現代公共圖書館，有別於古代藏書樓。

清
1700　　　　　　　　　　1800　　　　　　　　　　1900

1603年，培根開始寫《學習的進程》(Advancement of Learning)。培根因他為後世學者所建立的實證研究系統，而有「現代科學之父」的美稱。

1608年，法國蘭浦綺侯爵夫人的沙龍(salon)，聚集名流與文藝作家，虛構悲歡離合的艷情故事，使騎士愛情風靡一時，成為巴洛克藝術的基地。沙龍形式從此風行歐美，成為文人學者交流思想的重要場合。

約1609年，第一份定期發行的報紙出現於德國一些城市和安特衛普(Antwerp)。

17世紀科學主義運勃發展。英國於1600年成立「皇家學會」；法國於1666年成立「科學院」，後各國皆成立類似機構，加速科學發展。

牛頓（1642~1727年）發現萬有引力與運動定律。

雜誌始於17世紀。1663~1668年，德國出版最早的學術刊物《啓蒙論壇》。不久，法國、英國和義大利便有學術刊物隨之出現。

1719年，丹尼爾·狄佛出版英國第一部寫實主義小說《魯濱遜漂流記》，大受歡迎。該書反映歐洲商業發達，青年想透過航海冒險找尋事業新天地的風潮。

狄德羅（Denis Diderot，1713~1784年）著作《百科全書》（1751~1772年）。1768年，第一版的《大英百科全書》在蘇格蘭推出。

蒸汽機、焦炭、鐵和鋼促成工業革命（約1760~1780年）的發生。歐洲由商業時代進入工業時代。勞動人口聚集促進現代城市的出現。工業革命和資本主義相互支持與共生。工業革命之後，各個產業都開始逐漸進入大量標準化生產。現代西方居屋的結構與配件，也就隨之成形。Living Room（客廳）的概念普及。日後在Living Room裡閱讀而不是在書房裡閱讀的Coffee Table Books也開始出現。

工業革命後，城市家庭裡兒童與父母共處的時間變多，「床邊故事」(Bedtime story)即是新興家庭關係之一。蘭姆（1775~1834年）與姊姊瑪麗1807年所編著的《莎士比亞故事集》，成為極受歡迎的床邊故事。

1787年，法國人革命爆發。
1795年，法國貴族薩德（1740~1814年）侯爵出版《臥房裡的哲學》，指出該書是為「浪漫者」而寫，指追求思想自由、且不願受教會所箝制的人。

到羅馬時代，博物館指專心於學術職業之處。現代博物館則起於17~18世紀，乃殖民帝國擺放從殖民地搜括而來的異國文物。第一個以組織性的保存、展示供公眾參觀的博物館在牛津大學。英國貴族斯隆（Sir Hans Sloane，1666~1753年）捐贈大批文物書籍給英國議會，於1753年立法成立大英博物館。

1857年，大英博物館裡開始設「閱讀室」(Reading Room)，成為一個標準。

幼稚園始創於19世紀初，是英國製造商和慈善家歐文（1771~1858年）、瑞士的裴斯泰洛齊、他的德國學生福祿貝爾（提出「幼稚園」一詞）（1782~1852年），以及義大利的蒙特梭利（1870~1952年）等人對於學前教育的思想和實踐的產物。

1830年，第一條供人搭乘的鐵路通車，勾連英國利物浦至曼徹斯特。
火車讓長途旅行不再是難事，平穩的搭車空間致使旅行日記與短篇閱讀慢慢產生，為了行旅方便，輕薄短小的書籍也應運而生。
1863年，首條地下鐵在倫敦通車，全長6公里，第一年共載運950萬名旅客。地鐵的快速移動及舒適空間，更利於搭乘時的閱讀。

1867年，馬克思（1818~1883年）發表《資本論》。
1877年，愛迪生註冊錄音專利。1879年，愛迪生發明電燈。電燈延伸了閱讀時間，也拓展閱讀空間。

波斯的苑圍為最早的公園，建有供騎射的馳道和蔽風雨的處所。文藝復興後期的公園，由廣闊樹林、浮雕長廊、大型鳥舍等構成。工業革命後的公園，提供都市居民消遣遊憩的場所。

1905年，清政府廢除科舉。

1933年，中央圖書館籌設於南京，1949年隨國民政府來台，迄1954年復館。

1917年，胡適在《新青年》上發表《文學改良芻議》。在陳獨秀及胡適等人努力下，白話文成為宣揚新思想、普及教育的基礎。

1919年，「五四運動」，為中國現代化的重要分水嶺。文言文與白話文之爭白熱化，同時還有注音字母與國語羅馬字之爭。

1918年，魯迅（1881~1936年）發表《狂人日記》，是中國現代文學史上第一篇白話小說。

1920年，大正9年，新民會發行《台灣青年》，以留日台灣學生為對象。這也是台灣政治運動的第一份刊物。

1921年，大正10年，由楊逵、蔣渭水、林獻堂等人成立「台灣文化協會」，期以文化啟蒙台灣民眾。大正13年（1924），連續三年在霧峰林家開設「夏季學校」，講授各類科目並舉辦討論會。該會開啟台灣農民運動與勞工運動的先河。

1925年，北京成立故宮博物院。1949年，國民政府從北平故宮運出珍貴文物撤退到台灣。

第**4**個階段（20世紀至今）
科技帶來的無所不在。

人類進入科技的時代。科技逐步解放了我們從閱讀硬體、軟體，空間與時間的一切想像。

1928年，昭和3年，台灣大學前身台北帝國大學成立。

台灣平埔族沒有文字，台南一帶番社在荷蘭傳教士的教導下，以羅馬拼音寫出他們的語言，使用於土地買賣契約上，稱之為「新港文書」。1933年，台北帝大教授村上直次郎將其所匯集出版。

1937年，昭和12年，日治政府推行皇民化運動，要求台灣人民學習日本語言與文化。

1947年，二二八事件爆發。

1949年，中華人民共和國建立。

1949年，《台灣地區戒嚴時期出版物管制辦法》發布。從此，台灣將近四十年處於思想箝制的年代。

1987年，台灣解嚴。同年12月，台灣首度舉辦國際大型書展——「第一屆台北國際書展」，反映台灣日趨國際化的腳步。

1956年，台灣全面推行「說國語運動」。

1950年代，台灣逐漸出現書報攤販售報紙、雜誌與冷飲。常見書報攤設置於火車站及公車站旁。形成於50、60年代的重慶南路是台灣最早的書店街，充滿大量的書店、書攤和文具店，構成台北著名的文化地標。

1970年代，台北市信義路與新生南路交叉口附近，有一供外國學子或僑生來台居住的「國際學舍」，長年不斷舉辦書展。當時在台北要買書就是「東國際西重慶」，東即國際學舍，西為重慶南路。

| 1900 | 1920 | 1940 |

20世紀末的網路，更掀起了古騰堡印刷術出現以來，最大的閱讀革命。
中文世界一方面亦步亦趨地追隨西方發生的這些變化，另一方面新生許多自己的障礙與機會……

1899年，佛洛依德完成《夢的解析》。
1900年，柯達公司在美國銷售大眾化廉價相機。
1901年，首次頒發諾貝爾獎。諾貝爾文學獎具有閱讀的指標功能。

流動圖書館（bookmobile），出現於19世紀的英國。最早雛型是馬拉的運書車，汽車業發展後，促進了流動圖書館的使用，遍及世界。

20世紀初的巴黎，被海明威譽為「流動的盛宴」，如果曾經僑身其中，將終身受用。

1903年，萊特兄弟第一次飛行。
1907年，第一個現代動物園誕生。
1919年，影響當代建築形式的「巴浩斯學校」（Bauhaus School）成立。

1921年，「香奈兒五號」問世，奠立香奈兒公司在全球的時尚先驅形象。日後，香奈兒成為流行文化與時尚消費的閱讀指標。

亞瑟‧克拉克曾經說：如果沒有威爾斯及凡爾內的那些故事，人類是不會認真想要登上月球的。1926年，「科幻小說」（science fiction）一詞出現於《驚人的故事》（*Amazing Stories*）雜誌。科幻小說是20世紀的新文學類型，描寫科技發展對人類的影響，充滿了想像之境。

1929年，「現代藝術博物館」在紐約開館，為收藏當代藝術品最豐富的博物館之一。吳爾芙（1882~1941年）發表《自己的房間》，以非小說的散文文字，其精采見解：「如果女人要寫小說，一定要有錢和自己的房間。」

1930年代，希特勒開始對德國境內的猶太知識分子進行迫害；德國政府發表禁書目錄，並在境內各大城市進行焚書。

1938年，匈牙利拜羅兄弟發明鋼珠原子筆。

1930年代和40年代為無線電廣播的黃金時光，發展出許多新的戲劇和娛樂節目。

1941年，黑白電視廣播在美誕生，1954年開始有彩色形式。至70年代，幾乎所有的國家都有電視廣播，電視成為每個家庭必備家電，也是現代人閱讀世界的主要途徑。

1950年代，美國的柏油路、高架橋、高速公路系統的建設，都環繞著汽車的普及而展開。小說《旅途上》呼應了「垮掉的一代」的閱讀。汽車與公路文明，也使得有聲書在美國大有發展的空間。

1960年代，冷戰開始，台灣出現赴美留學熱潮。

1962年，台灣電視公司成立，在蔣宋美齡主持按鈕下正式開播。

1966年，文化大革命開始。

1968年，台灣推行九年國民義務教育。內政部在台北市僑光堂主辦「第一屆全國圖書雜誌展覽」，五天書展「只展不售」，標榜「文化復興」意涵以抗衡文化大革命。

1978年，台灣南北高速公路全線通車。

1979年，朱邦復公布「倉頡輸入法」。台灣開放出國觀光。

1980~1985年，台灣完成十大建設後，繼續十二項建設計劃。文化建設部分為興建每一縣市文化中心，包括圖書館、博物館、音樂廳等綜合性文化空間。

1983年，第一家金石堂書店在台北市汀州路開業，大型連鎖書店興起。1989年，誠品書店成立，成為台灣都市地標之一。2000年，法國連鎖書店法雅客Fnac進入台灣。2004年，超大型英文書店PAGE ONE進入台灣。大型書店成為二十年間台灣社會急劇變動的見證與代表。

1988年，台灣報禁解除。
1991年，中華民國文化建設委員會成立。
依據1992年制定的「兩岸人民關係條例」規定，不得在台公開銷售大陸圖書。2003年，行政院重修法令，發布大陸地區簡體字版圖書的「許可辦法」，業者才開始得到經營簡體字書店的空間。

1992年，中山大學計中成立了第一個BBS站台，大學社團皆透過BBS進行議題論述、串聯。近年已逐漸被「MSN」等新媒介所取代。

1995年，博客來網路書店成立，成為兩岸三地最早成立的網路書店。

1998年，台灣手機市場開放民營。手機具備迅速、立即與私人性，尤其簡訊如同直遞性的私密紙條，亦為現代閱讀和書寫的新工具。

2000年初，《明日報》正式上網，隔年宣布停刊。但傳統報紙的網路版則已成為生活中的一部分。

1980年代後期，「書香園」等結合閱讀與咖啡廳的場所，在台灣開始興起。到90年代中期，網咖再興起。

1990年代起，讀書會在台灣蓬勃發展。

1996年，全台首條捷運系統木柵線通車。舒適空間有利搭車閱讀習慣的萌芽。捷運亦衍生自身的文化肌理，形成另一種閱讀與被閱讀的空間。

1998年，IKEA家具店進入台灣，對家庭生活以及其中閱讀空間的需求與想像產生重大影響。

1998年，《第一次親密接觸》掀起網路小說的熱潮。
1999年，台灣首家同志主題書店晶晶書店成立。
1999年，誠品書店敦南店二十四小時營業開始。

2000年，台灣實施週休二日制。

2004年，新聞局公布「出版品及錄影節目帶分級辦法」制度，引發社會抗議。

2005年初，台北市宣布將在年底之前成為世界上無線網路覆蓋度最高的城市。

1960　　　　　　　　　1980　　　　　　　　　2000

圖靈（1912~1954年）的「圖靈測試」（Turing Test），用作檢驗機器是否具備人類智慧，是研究人工智慧的先驅之一。
50年代初，美國盧恩首次將計算機用於關鍵詞索引的編制。
1953年，發現DNA的雙螺旋結構。
1958年，發明數據機（Modem）與積體電路（IC）。

1968年，英格巴第一次展示滑鼠（Mouse），ARPANET開始網際網路的時代。
1971年，傳送第一封e-mail（電子郵件）。
1990年，提姆，柏納李在CERN寫出http程式碼、HTML語言、URI位址結構（後更名為URL）、www軟體，以及第一個Web Server。World Wide Web時代開始。
1994年，Netscape瀏覽器風行，旋有微軟的IE取代大幅市場。
1995年，全球第一間網路書店「亞馬遜書店」（Amazon）開張。

1971年，掌上型計算機上市。

1972年，英國立法成立大英圖書館，主要以大英博物館的藏書，加上其他一些圖書館的藏書而成。

1977年，Apple II問世，正式開啟個人電腦時代。

1981年，第一台手提個人電腦（Note Book）「Osborne 1」上市，重二十四磅。

1982年，CD上市。1970年後期，錄影帶規格戰，後來VHS系統勝過BETA系統。錄影帶接下來很快又為LD、VCD、DVD等所取代。

1992年，蘋果電腦推出第一台名叫Newton的PDA。

手機的歷史可溯至1950年代，但是商品化上市在**1983年**，到1990年代之後，日益成為普及的個人閱讀工具之一。

「虛擬實境」技術起於60年代，至80年代，美國軍方和國家航空暨太空總署開始研發電腦生成的互動式影像系統。目前，已被用在遊戲、展覽、銷售演示以及太空模擬器上。

部落格，又稱網誌，英文原文為Weblog，類似BBS的個人板，或個人新聞台之類的空間，亦稱為網頁型的日記。1999年4、5月間，Peter Merholz將Weblog唸成We Blog，故有了Blog的說法。部落格的出現，為長期以媒體作為文化運動的人士，發展出不同的連結方式。

1985年，任天堂遊戲機面世。1990年代中以後，網路遊戲日益受到歡迎。2000年，新力推出Playstation 2。2001年，微軟推出XBox。

1996年，ICQ開始風行，旋有微軟的MSN取代大幅市場。

2005年，Google與牛津、密西根、史丹佛大學以及紐約公共圖書館等幾家頂尖圖書館合作，將其館藏著作轉化成為電子文件，放到網上讓人們免費搜索閱讀。

古往今來名人
非常讀書處

在書房裡讀、在小河邊讀、在鐵窗下讀、在洞房外讀、在名山上讀、在流離中讀……

文—余世存

很多讀書成癖的朋友夢想

有一間好書房，他們以為讀書應該是在書房裡讀的。但他們自己的求學過程、他們跟書初戀般的廝守纏綿卻並不是在書房裡，而是在青春年少的王國的各個角落。比如夏夜有螢火蟲相伴，冬天有白雪的孤光照耀，牛背上、馬背上、小河邊、山澗旁，春天的草場裡、秋日的紅葉下，人類有太豐富的讀書所在，使得真正意義的書房永遠是造化之奇，而非人工設計。相比之下，書房裡的「作業」就太閒適了，太個人作秀了。即使成年之後的理性閱讀，也多是不期而遇的求索事件，它遠比書房裡的閱讀更有關懷，更有安身立命的表達。

蔡元培曾說，近代學者人格之美，莫如陳獨秀。 陳獨秀的讀書處不在大學，而是在監獄裡。陳的一句名言，「出了研究室就入監獄，出了監獄就入研究室」，學問在監獄之中，他的話也成了他一生的寫照。他一生五次被捕（1913、1919、1921、1922、1932），最後一次在監獄裡住了五年。1935年，劉海粟從歐洲回國，到監獄去探視，見陳的牢房裡堆滿了書，陳獨秀在這裡潛心做學問，劉說：「你偉大。」陳獨秀提筆給劉海粟寫了一副對聯：「行無愧怍心常坦，身處艱難氣若虹。」鐵窗數年，讀書萬卷，使陳獨秀的思想更成熟，更昇華，他揚棄了共產主義，認為只有實行民主政治，中國才有出路。

陳獨秀的獄中讀書大概只有義大利人**葛蘭西**（Gramsci）可比，葛蘭西也是在獄中完成了對共產主義的反思，這些革命家在獄中通過讀書思考回歸到文明個體。獄中讀書大概是人類社會征服自然以來最能與天地通的讀書處。我們還可以想到一大批獄中讀書人的名單，比如**王爾德**（Oscar Wilde），因同性戀而被判有傷風化罪，在瑞丁監獄（Reading Gaol）度過兩年，身心都受到重挫，他在獄中讀書取得了不小的成果。另一位在獄中讀書的中國詩人綠原，據說他在獄中只有一部馬克思的《資本論》，他居然因此讀懂了德文，雖然他聽不懂，也說不了。**雷震**在獄中讀書，心在外面的世界，他利用到手的書報來猜測時事。當代中國大陸的政治家中，陳子明因八九事件被判十五年，他在獄中也讀了數千本書，他因此完善了自己的「世界文明主流」思想。

可能監獄對大多數讀書人太沉重了。那麼我們可以看一下輕鬆的。「紅袖添香夜讀書」，這是中國古人的好夢，白居易、蘇東坡、袁子才都有過這種讀書時間。美人在側，跟「書中自有顏如玉」相較，不知讀書人是在讀書，還是在讀人。明清以來的大批文士都是在追求這樣的讀書境界。今天的大學生們同樣把這種夢想變成了現實，他們往往跑到圖書館裡、教室裡，或到校園的湖邊、草地上，女生紮堆，男生則千方百計地蹭到女生旁邊，既讀書，也讀人。

比較起來，若非大學生式的閱讀，圖書館確實是讀書的一個好地方。著《道德經》五千言的**老子**是在周朝的國家圖書館裡讀書，他在那裡讀出了大道流行的智慧：「其生也柔弱，其死也堅強」，他給我們留下了這樣寒光閃爍的句子。**馬克思**在英國倫敦圖書館裡讀書，他在英國寫《資本論》，中國人哀歎說，他的「論」傳到了東方，他的「資本」留在了西方。毛澤東統治中國的時代，舉國讀書，唯讀**毛澤東**指示的幾本書時，顧准跑到北京圖書館裡讀書，他在那裡思考「娜拉走後怎樣？」的問題，理想主義之後，他希望尊重民生日用的經驗之道，他說，他堅定地站在經驗主義的一邊。

少年讀書的故事多傳奇。因為父母親友的教導，因為流行的教化。「萬般皆下品，唯有讀書高」、「朝為讀書郎，暮登天子堂」等等，使得很多人青春年少時就跟書結下了不解之緣，很多人在選擇讀書的時間地點中表現了一種年少的意志。比如頭懸梁錐刺骨的故事，比如鑿壁借光的故事。今天人們教育孩子讀書，往往也是舉例讀書人如何刻苦，在任何順境或逆境中讀書成名。「他……終於成為著名的……」，這已經成了一個經典的句式。**魯迅**少時在江南水師學堂讀書，第一學期成績優異，學校獎給他一枚金質獎章。他立即拿到南京鼓樓街頭賣掉，然後買了幾本書，又買了一串紅辣椒。每當晚上寒冷時，夜讀難耐，他便摘下一顆辣椒，放在嘴裡嚼著，直辣得額頭冒汗。他就用這種辦法驅寒堅持讀書。「真是這樣的苦讀書，他後來終於成為我國著名的文學家」。

王亞南小時候胸有大志，酷愛讀書。他在讀中學時，為了爭取更多的時間讀書，特意把自己睡的木板床的一條腳鋸短半尺，成為三腳床。每天讀到深夜，疲勞時上床去睡一覺後迷糊中一翻身，床向短腳方向傾斜過去，他一下子被驚醒過來，便立刻下床，伏案夜讀。天天如此，從未間斷。「他由於少年時勤奮刻苦讀書，後來，終於成為我國傑出的經濟學家」。**聞一多**讀書成癮，一看就「醉」。就在他結婚的那天，洞房裡張燈結綵，熱鬧非凡。大清早親朋好友均來登門賀喜，直到迎新的花轎快到家時，人們還到處找不到新郎。急得大家東尋西找，結果在書房裡找到了他。他仍穿著舊袍，手裡捧著一本書入了迷。「他終於成了著名的學者、詩人」。

中國數千年的歷史使得山河大地都留下了讀書的陳跡。從都市的眼光看來，能有那樣的讀書佳處是幸福的。今天的大陸中國號稱「文化搭台，經濟唱戲」，於是古人的讀書處再一次被一一發掘、修繕，成為當地的旅遊點。那些讀書地方多是名山大川、風景秀美之地。以至於我們今天想起來，都覺得古人會讀書、有讀書福。

陳子昂讀書台位於射洪縣城北23公里處的金華山上，是這位初唐詩人青年時代讀書的地方，他死後百年，即有地方官員為他在讀書堂前立旌德碑，宋朝、明朝都為陳子昂讀書處修建過。南昌自古就有西湖，湖邊的主景孺子亭是為紀念東漢高士**徐孺子**而建造的，三國、西晉、隋、唐、宋等朝代多次興廢。這裡原是徐孺子讀書的地方，蘊涵著「徐孺下陳蕃之榻」（王勃《滕王閣序》中名句）的歷史典故。廬山白鹿洞書院相傳是唐**李渤**讀書的地方，李渤還在此養一鹿自娛，後稱白鹿洞。南唐的**李璟**做太子時則在廬山的秀峰築讀書台。

唐代短命的天才詩人**李賀**讀書的地方叫「南園」。凡是園，在讀書人看來，都是適合讀書的所在。當然，迂腐的讀書人在哪裡讀書都一樣，**董仲舒**讀書，有「三年不窺園」之說，他太不關注生活、太不關注活潑潑的生命了。明朝文學家、後七子領袖**李攀龍**讀書的地方就在今山東濟南約突泉東南處的滄園，院內三廳兩院，外廊環繞，曲廊相圍，院中奇花異木，蒼松滴翠。魯迅讀書遊戲的地方叫「百草園」。至於「一個幽靜的小園，兩間舊式的平屋」，位於紹興前觀巷的青藤書屋，則以其特有的魅力吸引著中外遊客，這裡是中國梵谷式的天才畫家**徐渭**（文長）讀書的地方。

據記載，**鄭成功**九歲時讀完《四書》、《五經》，十歲時能寫八股文，詞藻典雅，立意深遠，十一歲時熟讀《春秋》、《左傳》等書。位於安海鎮星塔村的星塔，就是當年鄭成功讀書用功的地方，雖然這個塔並不大，但三百多年來一直是安海人心目中的「鄭成功紀念塔」。安海鎮位於福建晉江市東南瀕海處，與台灣隔水相望。

「書非借不能讀也」。很多人的讀書是借讀的，連借光一詞也在借讀的範疇裡。明代的**宋濂**，青年時期酷愛讀書。可是，由於家裡貧窮，他常常到有書的人家借書讀，有時還要把它抄下來，再按約定的時間送回去。寒來暑往，宋濂抄了很多書，也讀了很多書，「後來成為明代有名的文學家」。他是福州人，清末舉人。

林紓小時候家裡很窮，卻愛書如命，買不起書，就只好向別人借來自己抄，按約定的時間歸還。他曾在牆上畫了一具棺材，旁邊寫著「讀書則生，不則入棺」，把這八個字作為座右銘來鼓勵、鞭策自己。這句名言的意思是他活著就要讀書，如果不讀書，還不如死去。他常常是起五更睡半夜地摘抄、苦讀。「他後來成為大翻譯家」。

對窮苦的讀書人來說，借讀是最好的讀書方式，但若連借讀都不得的時候，只有去書肆坊間「站讀」了。桐城學派的後人**舒蕪**年輕時就是在重慶的書店裡讀書的，據他回憶，抗戰時期許多像他一樣的有志青年，窮得吃不起一頓飯時，仍跑到書店裡，以書療飢。他們常常到書店裡站著讀，讀到書店關門了，才出去，第二天來接著讀；或讀到這家書店的老闆不樂意了，跑到另一家書店去接著讀。那些「頭髮蓬亂，衣衫襤褸，目光炯炯」的青年相互見了，心知肚明地繼續讀書，他們自信，他們的生活是充實的。

當一國的山河無處可讀時，愛書的人們只好遠走他鄉了。「華北之大，放不下一張書桌」。這是抗戰前期的中國名言，那時的人們要麼起來反法西斯，要麼換一地方讀書。詩人**穆旦**隨校南遷，又從長沙走到雲南昆明，一個月的行程，他在路上背完了一本英文詞典。聞名世界的西南聯大的學生多是如此在路上讀書的，他們在昆明那樣艱苦的地方讀書，在田野裡讀書，在防空洞裡讀書，在抗戰和讀書的張力間，一批愛國的讀書人成為後來中國社會的棟梁之材。

在中國現代轉型的過程裡，最好的讀書地方都是異國他鄉。從留學日本開始，中國的讀書人開始遠赴域外各國讀書，**容閎**、**嚴復**、**孫中山**、**蔣介石**、**蔡元培**、**魯迅**、**胡適**、**周恩來**、**鄧小平**，近代以來中國的菁英階層幾乎無不在他國讀過書；直到今天，大陸中國的讀書人仍以歐美等國為讀書的所在。大歷史學家陳寅恪也許太熟悉傳統中國作為周邊國家讀書處的歷史，他寫詩說：「群赴東鄰學國史，神州士子欲羞死。」　■

本文作者為大陸作家

張隆溪 在山野中讀希臘悲劇

我好像獨自一人處在洪荒曠野之中，感受到天地自然那種原始、神祕而無可抗拒的力量。

文—張隆溪

大海給人的感覺是變幻莫測的。在晴空白雲之下，湛藍的海水可以平靜得像一片絲綢，微波蕩漾，柔和嫵媚有如處子，可是一旦風起雲湧，在如煙的陰霾之中，大海的浪濤又黑壓壓一片湧來，有如怒軍臨陣，殺氣逼人。然而究竟是大海自然的變化使我們感覺不同，還是我們自己處境和心情的變化，使大海顯得時而輕柔，時而蕭殺呢？環境和心境相互作用，這在生活中是常有的經驗，我們閱讀的經驗也不例外。這在我自己，曾經有一些特別深的體會。

那是1970年左右，中國正處於文革的動亂之中，全國的青年學生都被強送到農村去「插隊落戶」。我和幾個中學同學一起在四川德昌縣一個山村裡，每天或在水田裡蒔秧，或在山地上種玉米，體重不足一百斤，卻常要肩挑一百四、五十斤的重擔，生活十分艱苦。但純粹出於興趣和精神的需求，雖然白天做農活相當勞累，每天晚上我必定要讀書。當時條件之惡劣，現在一般人實在難以想像。山村裡沒有電，天黑之後如果沒有月光，那種如漆的黑暗是城裡人無法體會的。「伸手不見五指」這句話在那裡

絕非誇張的描寫，而是生活的現實。我只有用墨水瓶自製的小煤油燈，靠一點微弱的燈光看書。

帶兩部英文書下鄉

那時更艱難的是缺書，因為文革提出打倒封、資、修的口號，凡屬傳統中國文化都是「封建主義」，西方文化是「資本主義」，蘇聯和東歐文化是「修正主義」，於是古今中外一切的文化都遭禁絕。文革中抄家焚書的結果，造成嚴重而普遍的精神饑荒。不過幸好我下鄉時，一位中學老師送我劫餘倖存的兩部英文書，其中一部是英譯古希臘羅馬文學，包括荷馬史詩、希臘悲劇、柏拉圖對話錄、維吉爾史詩、羅馬喜劇等；另一部則是十九世紀美國出版的英美文學選讀，選了從莎士比亞到赫胥黎（Thomas Huxley）一共四十位英國歷代名家的作品，附有各種修辭手法的分析。我下鄉三年，反覆細讀的就是這樣兩部書，從中學到不少西方文學的常識。

記得我曾接連好幾天讀索福克勒斯（Sophocles）的《伊底帕斯王》，那是希臘悲劇中最具代表性的作品，亞里斯多德的《詩學》討論悲劇，就以那部作品為主要例證。論者常常稱希臘悲劇為命運悲劇，而《伊底帕斯王》可以說最能表現希臘人的命運觀念。伊底帕斯是絕頂聰明的人，曾揭破怪獸斯芬克斯（Sphinx）之謎，但卻無法識破自己命運之謎。他年輕時就知道自己命中注定會殺父娶母，於是離家出走，努力逃避這可怕的亂倫之罪。然而他每走一步，都恰恰把自己推向那命定的結局！《伊底帕斯王》這整齣悲劇就是一步步揭示伊底帕斯可怕的宿命，同時也表現他一定要認清自己命運的決心和意志。他在痛苦中呼叫：「神啊，神啊，你拿我的生命在做甚麼？」他最後發現自己終於未能逃脫定命，他所能認識的只是虛幻，他的一切努力都是茫然，於是便自己剜去雙眼，血流滿面，把自己放逐出底比斯城去。

全劇結尾的合唱道出命運悲劇的主題：伊底帕斯曾是那樣聰明富有，而且擁有國王的至上權力，可是轉眼之間，他卻失去一切，遭受最可悲的命運，成為世間最可憐的人。全劇最後一句道：「在一個人生命尚未終結，沒有最終擺脫痛苦和憂傷之前，不要說他是個有福的人。」

深夜的蕭瑟風聲

我記得很清楚，讀完這最後一句時，正是午夜之後，四圍是無邊的暗夜，只有一燈如豆，映照出索福克勒斯悲劇那驚心動魄的文字。我們幾個下鄉知青住在一間自己建造的小土屋裡，周圍是一片竹林，稍遠有一條小河。幾個同屋的伙伴都已睡熟，在夜半沉寂之中，我只聽見竹林裡一陣蕭瑟的風聲，河裡遠遠傳來潺潺的水聲，我好像獨自一人處在洪荒曠野之中，感受到天地自然那種原始、神祕而無可抗拒的力量。在這種時刻，我對希臘人的命運觀念似乎有特別深刻的體會，而且深感自己的命運不能把握。上山下鄉並非自己的選擇，那時也完全不知道將來會怎樣，自己一生的道路是否就走到這裡為止，或者還會引我到別的甚麼地方。在那種日子和處境裡，希臘悲劇表現的不只是古代西方文學裡的思想觀念，而似乎就是我自己的生活現實。那種閱讀的經驗是永遠不會忘懷的，而閱讀中理解到的意義，感受到的情緒，也在我的記憶中永存。

本文作者為香港城市大學比較文學與翻譯講座教授

張惠菁 專心於分心

當時我不知道的是，那將是父親的最後一趟旅程，是我最後一次與父親並肩而坐。

文──張惠菁

我的一次難忘的閱讀經驗，也是一次中斷的閱讀。開始閱讀的起點是一個冬天，在國際班機的機艙裡。結束閱讀是夏日的晚上，我的客廳。

那是一本披頭四的傳記，杭特戴維斯（Hunter Davis）寫的。披頭四唯一正式授權傳記。我在一年半前開始讀這本書，後來忽然中斷，一直沒有讀完。書頁裡冒出一小截紙片，標示著一年半前中斷的地方，其實已經很接近結尾了，大概只剩十幾頁吧。那被我用來充當書籤的，其實是一張名片，有人在背後寫了e-mail和電話。我老是有這種隨手拿名片夾進書裡的壞習慣，以致於要找電話的時候常常找不到。

一年半前，我把這本書塞進背包裡，搭晚上的飛機去舊金山。一直以來我都喜歡旅程中的閱讀。尤其是在飛機上。機艙的空間，在飛機起飛後，照例是送飲料用餐點的一陣忙亂。整個機艙鬧騰騰的，倒不見得真有多少分貝噪音的吵鬧，而是一種尚未安頓下來的浮動感。

終於靜下來時，燈暗了，許多人把注意力放到眼前的一小方螢幕上，不再走動交談。你讓空姐把你手上的杯子收走，跟她多要一條毯子以便把自己裹成蠶繭狀，東挪西挪個三十秒確認最舒

適的姿勢，然後便拿出隨身帶的那本小書，打開頭頂專屬於你的那盞燈。對我而言這已經是個固定的過程了。念書的那幾年，每飛一趟台北到愛丁堡十幾個小時的航程，正好看完一本平裝本小說。

再沒有像飛機艙這樣奇怪的，既公眾又私密的場所了。它的所有設計都是要在狹窄的空間裡塞進最多的人，同時又使所有人盡量忽視他人的存在。每個人用自己的耳機，看自己的螢幕。同在一個場所，卻不分享聽覺與視覺的經驗。等週遭暗下來，飛機引擎隱隱的噪音裡，就是最私人的閱讀空間。

睡與閱讀的輪替

通常我在機艙裡只做這幾件事：吃喝，睡，以及閱讀。其中睡和閱讀的輪替非常重要。因為在機艙裡讀書很容易忘記時間，而眼睛會很快就疲累。披頭四傳記裡冒出頭的書籤位置，我很清楚那記號意味著什麼。一年半前我在那裡中斷了閱讀。並且有好長一段時間不打算重新接回閱讀的線索。

我帶著它從台北飛往舊金山，又從舊金山飛往紐約。在往紐約那段路上，父親坐在我的身邊，他就像平日一般，不打擾我的閱讀。他那一代，台灣所有鼓勵小孩念書的中產家長都有這種習慣──對閱讀中的孩子過度地寬容。偶爾我轉過頭去看他，他對我笑一笑。（那是一種有話要說的笑嗎？是一種想說話但又怕打擾我閱讀的笑嗎？他自己有沒有意識到接下來要發生的事呢？後來，有段時間我一直這樣問自己。）

當時我不知道的是，那將是父親的最後一趟旅程，是我最後一次與父親並肩而坐。我只是專心地，看著那四個小夥子作出各種的傻事。我不知道我是不是因為耽於閱讀，忽略了身邊父親的訊息，也許，他曾經想對我說些什麼？

一直都是這樣的。閱讀為你創造出一個半封閉的世界。使你隱身。使你忘記身邊的人，週遭的事。使你彷彿進入一個更廣大的世界，但也縮小了那一刻其他的感知能力。你專心。但對他人而言你是永遠的分心者，眼望那個他們不明白的世界。

中斷・接續

這個星期天的晚上，我在桌邊坐下來，繼續讀這本書。就從書裡名片標示的位置開始，那個我在一年半前停下閱讀的時刻。因為倏然降臨的死亡，而中斷了的時間。

已經是戴維斯在1985年補上的後記的最後幾頁了。那時披頭四早已解散。約翰已經死去。戴維斯寫完了林哥與喬治在1985年的最新狀況，剩下的就只有保羅──披頭四解散之後經營得最為成功，但長久以來一直背負解散披頭惡名的保羅。

我就這樣慢慢讀完了那最後的十幾頁。讀了保羅麥卡尼的長篇牢騷。約翰一死就被神聖化了，保羅得面對披頭迷的指責，他和約翰生前任何一點細小爭吵都被放大處理。他和約翰既友好又競爭的關係，互相激發也互相傷害。有時彼此依賴，有時彼此都相信對方是混球。他一定沒想到約翰會忽然死去，留下他在那個來不及和解的瑣碎爭吵裡，一肚子沒處發的牢騷。

一年半前中斷的閱讀就這樣接上了。平平淡淡讀完了他人的人生。從我客廳的窗戶望出去，看見巷子裡人家的燈光。這也是一個極平淡的閱讀場景。沒有旁人會感興趣的中斷與接續。我的又一次專心於，自這時間之流分心之事。

本文作者為作家

阮慶岳 因為恐懼所以閱讀

那時，閉門閉窗一人獨臥床，暗室裡留床邊小几微光一盞，心內擔憂恐懼交夾，幽幽度著惶然數日光陰。

文—阮慶岳

我自記憶始，就是個愛閱讀的小孩。

原因無人真正知曉，我暗自徘徊思量許多回，答案歸結若干，總也不得要領。其中一個說法是基因，但我或只是拿這來向素未見面、紹興師爺以終的祖父作致意，因果是非究竟如何，其實不得而知；其他答案中，近來較取我相信的，是——恐懼。

恐懼吞噬心靈，法斯賓達（R.W.Fassbinder）早已宣示預兆世人。

逐漸明白在過往與現今，許多次面對恐懼時，我常常是以閱讀作蜀犬般吠日的對抗。譬如幼時怕生害羞，以書掩面迴避現實；及長，喜一人四海遊旅，或寂寞、或不安、或膽怯、或生恐懼時，常就眼目心神同入書中，假乘作者之筆，棄現實登太虛。

恐懼與閱讀，猶如雙生子屢屢共體出入我生命。

最強烈的印象，是初赴美後兩次病倒時閱讀的經驗。頭次是在費城賓大修建築碩士，因經濟拮据，漏繳健康保險費，沒想到十二指腸潰瘍痼疾發作，無錢就醫，只能以簡單斷食法自我治療。那時，閉門閉窗一人獨臥床，暗室裡留床邊小几微光一盞，心內擔憂恐懼交夾，又不敢述予遠方家人知曉，餓渴時就飲口水，幽幽度著惶然數日光陰。

撫慰透底的心床

用來撫慰正被吞噬著的心靈的，就是偶爾閱讀手上唯有的《將軍族》了。陳映真那樣青蒼、無望與枯萎的人物，伴同著他優美至極的文字，款款音樂般流淌入我那一刻也正乾涸透底的心床。

就似乎特別能懂得他要言說的話語了，譬如他所寫的：

他睡著，雖然漸漸自覺手腳已經和大腦脫了統御關係；雖然自覺呼吸急促，但他卻一點也不覺得痛苦。他還能覺得緊閉著的眼瞼外的一個大大的光亮的圓圈圈的人間世；他的心境活潑而平安，甚至有些許的歡喜。

畢業轉赴芝加哥，因盤纏用盡，尋職前先接了芝加哥大學附近華人書局的裝修監造工作。每日在一老房子的地下室裡，與雇自街頭遊蕩的黑人，一起製作無止盡的木書架。那個社區事實上極不安寧，搶劫犯罪並不少見。一夜，忽然心思來潮，出住處走向黯著的地下室區域，經過見門下透著光，詫異以為自己早先忘了熄燈，走近去發覺鎖也竟然是開著的。

「有小偷！」立刻想到新買來才堆積起的木料。硬頭皮屏氣走入去，隱約覺得穿廊底左側黯著的大間，微微有光影閃動，惦步徐徐靠前去；走到底時，轉面望向大間，見一群黑人男女，各自手心秉一白燭，專注環著一個圈緩緩行走，圓圈中央似乎橫躺著一個少年什麼的。我被眼前景象整個驚住，完全不知如何動彈，此時有人見著我並發出語音，便所有人都轉目向我，同時間吹熄燭火。

我立刻轉身拔腿奔去，在大街上旁顧無人的直直奔著，感覺身後一直迫著什麼緊逼不去，也全然不敢回頭去張看，只是跑著跑著回到住處。入房裡，依舊驚恐不能止，捲躲入棉榻，取出父親予我的《聖經》，在昏黃燈下慌亂的讀著幾個熟悉章節，譬如：

神啊，求你留心聽我的禱告，不要隱藏不聽我的懇求。求你側耳聽我，應允我。我哀歎不安，發出唉哼。都因仇敵的聲音，惡人的欺壓；因為他們將罪孽加在我身上，發怒氣逼迫我。我心在我裡面甚為疼痛，死的驚惶臨到我身。恐懼戰兢歸到我身，驚恐漫過了我。

平靜、喜悅與勇氣

反覆讀著至夜半張燈睡去，惡夢連連襲來至天光才止。晨起入廁，驚見潰瘍大量出血，又無保險護佑，照樣躺著自療度日，但這次有華人來往問候。大約十日不得動彈的時光，我不時凝視猶置在桌上，卻不再被我翻閱的那本《聖經》，心中有種不得庇蔭的怨懟。

那是我初臨芝加哥的第一個秋季，窗外大櫸木一夕轉黃，落起紛紛葉子來，既美麗又哀戚。如今回想這樣兩次恐懼心情下的閱讀，一次像是濡沫，一次像是哀乞，都難於忘懷。

或是已善於迴避，現在恐懼的機緣少了許多，但是閱讀並沒有少。或許我已經不再需要藉閱讀來對抗恐懼如往日，但是因閱讀而生的平靜、喜悅與勇氣，卻沒有一刻減少過需求。

即令不再恐懼，依舊是要閱讀的。

文作者為作家、建築師

陳郁馨

陳郁馨為了一句魔咒而上路

童年那個無緣無故發燒的早晨，彷彿有人在我耳邊說：「勇敢走進森林吧，不必怕迷路。」 文—陳郁馨

豆漿散發出熱氣。抓過油條的手又翻過一頁。拿起包子咬一口，肉餡汁溢出，流過拇指往下滑，「波」一聲滴在書上。鄰窗的書桌前，十歲的我一面吃早餐一面讀格林童話。

童話書裡，小裁縫一下打死七隻蒼蠅，覺得自己英勇無比，決定去外面闖出點名號。

小漢斯與妹妹被後母差遣到森林裡；漢斯沿路丟下石子做記號，作為回程時認路的依據。

一個年輕師傅學會了打鎖技藝，對父親說他想到外面去，試試自己的實力。

國王讓三個兒子到世界去，誰能帶回最美麗的亞麻線，便把王國傳給他；於是三個兒子就上路了。

有個商人要出門做生意，問女兒們想要什麼禮物，大女兒要珍珠，二女兒要衣服，小女兒只要父親把他在途中碰上的第一枝榛樹枝給採回來⋯⋯

山的後面是什麼？

他們都到了外面去。我對自己說。他們在路上遇到了危險，用自己的技藝和品行化解了難題。他們帶回禮物，得到財富，或和王子公主結了婚。那是不是叫歷險？我在心中問。

星期日上午，時光顯得緩慢而發亮。

……那個外面，叫做世界……

我在發燙。

從二樓這扇窗向外望，鐵皮屋頂一片接一片，二十公尺外有座圓環水池，繞著它，往南去台東的富里，往北去花蓮的瑞穗，往西到火車站，往東進入市街。景致的盡頭，是山。山裡有什麼嗎？我把書放下，把雙臂疊放在桌面，把頭枕在手臂上。山的後面是什麼呢？我覺得頭暈。

這裡是台灣東部的花蓮縣玉里鎮，北緯二十三度半，東經一百二十一度，夾在中央山脈與海岸山脈之間，秀姑巒溪流貫中央，把小鎮分成以原住民為主的河東地區，以及閩南客家和外省人聚居的市區，而這四族群各占全鎮四萬人口的四分之一。

在北迴鐵路通車以前，這裡的人若想去台北，得先搭火車到花蓮，換巴士走蘇花公路到蘇澳，再轉火車；如果車班接得順利，大約一天半後可以到達。可想而知，玉里人是以中山路、中正路、中華路這三條恐怕全台灣鄉鎮都有的街道為主要活動範圍。坐在爸爸的摩托車上，我們半小時可以逛完幾條大街。什麼時候我也能騎摩托車呢？我想得發昏了。

爸爸上樓，見我趴在桌上，上前摸我額頭說哎呀發燒了。「帶你去看醫生。」

醫生說要打退燒針，我喊著「不要」，看到針頭就哭了。

爸爸說：「你在學校打預防針會不會對老師說不要？」我說不會。「在學校打針會不會哭？」我說不會。

「所以啊，你這次如果不哭，就又更長大一點了。」我說好。

「長大」像一句魔咒，我聽到後便止住了淚──只是那時我還不知道，這兩字就這樣帶領著我往外走了。我當然也還不知道，上路是危險的，但危險之中含有無邊的魔力，無限的樂趣。

離開，才會遇到意外

十五歲，我離開了小鎮到台北求學。（呵，感謝北迴鐵路。）二十二歲，我離開台灣，飛到孕育了格林童話的德國。後來又轉往美國唸書。我總在設定了目標並且興奮上路之後，才發現自己的體力、意志和熱情受到了冷峻的考驗，而孤單是常態，快樂並不是必然──

而且，不是所有出了門的人都是旅行家。但我一直在路上，試圖看穿「長大」這句咒語的內涵：遇到難題，陷入困境，走出現狀，設法面對，最後也許能學習到什麼。

能離開的人是瀟灑的，因為相信沒有什麼可以失去，大不了回到原來的自己。能離開的人是自由的，因為人生不需要「一路走來始終如一」。離開，才會遇到意外，而意外將為你帶來另一雙眼睛。

所以，年輕人都該拔開腳步走向世界，去體會未知和曖昧，去測試自己的技藝和品格，去迎接謊話、謎語、巫術和野獸──然後年輕人會知道，離開其實是艱難的，但艱難裡自有存在的意義。

童年那個無緣無故發燒的早晨，彷彿有人在我耳邊說：「勇敢走進森林吧，不必怕迷路。」那本在若干頁緣留下油漬指印、正言出版社所出版的《格林童話全集》，像是一顆時空膠囊，我服下它之後，便上路了。離開了童年。

離開了家。

■

本文作者為出版社副總編輯

世界書展朝聖計畫

資料整理—Henry

1月

埃及開羅書展
Cairo International Book Fair （http://www.cibf.org）
阿拉伯世界最重要的一個書展，也是一個可以了解回教文化的國際性書展。

法國安古蘭國際漫畫節
Angouleme International Comics Festival
（http://www.bdangouleme.com/index.ideal）
在歐漫中，安古蘭已成為一個最重要的搖籃地，能夠在書展上得獎的畫家，猶如榮獲影帝一般黃袍加身。

2月

台北書展
Taipei International Book Exhibition （http://www.tibe.org.tw）
目前是華文圖書市場中最重要的交易場合，每年吸引大批的讀者觀展。

印度新德里書展
India Book Fair （http://www.nbtindia.org.in）
印度最大的國際書展，以英語圖書為主。

比利時布魯塞爾書展
Foire du Livre de Bruxelles
（http://www.foiredulivre.com）
參展者主要來自歐陸地區之鄰近國家，以歐洲語文出版品為主。

3月

英國倫敦書展　London Book Fair
（http://www.lbf-virtual.com）
在英美圖書市場，是一年開始的重頭戲。

法國巴黎書展
Salon du Livre
（http://salondulivre.reed-oip.fr）

德國來比錫書展
Leipzig Book Fair
（http://www.leipziger-buchmesse.de）
傳統且具有歷史意義的老書展，並有超過上百場的活動。

4月

義大利波隆那童書展
The Bologna Children's Book Fair
（http://www.bolognafiere.it/BookFair/index.html）
童書世界的嘉年華，是插畫家展現自己的最好場合。

西班牙馬德里語文博覽
Expolingua （http://www.expolingua.es）

阿根廷布宜諾斯艾利斯書展
Buenos Aires International Book Fair
（http://www.el-libro.com.ar/infoexpo）
南美洲最大的書展，展期長達三週，並配合數百種文化活動，對於南美文學著迷的讀者說，是一場不可缺席的盛宴。

哥倫比亞波哥大書展
Bogota International Book Fair
（http://www.feriadellibro.com）
中美洲圖書業的盛會，參展的國家雖然來自全球各地，但仍以中美地主國，如哥倫比亞、委內瑞拉、古巴、哥斯大黎加等占有優勢。

5月

巴西里約熱內盧國際雙年書展
Rio de Janeiro International Book Fair
（http://www.bienaldolivro.com.br/ingles/home/index.php）

捷克布拉格國際書展
Bookworld Pragu （http://www.bookworld.cz）
捷克重要的國際書展，置身古城別有一番滋味。

波蘭華沙國際書展
Warsaw International Book Fair
（http://www.arspolona.com.pl）
歷史悠久的東歐國際書展。

6月

美國圖書博覽會
BookExpo America
（http://www.bookexpoamerica.com）
來自美國各地的書商和出版者，進行各種圖書的業內交易，展覽不對公眾開放。

韓國首爾國際書展
Seoul International Book Fair
（http://www.sibf.or.kr）

7月

日本東京國際書展
Tokyo International Book Fair
（http://www.reedexpo.co.jp/tibf/chinese/index.html）

香港書展
Hong Kong Book Fair （www.hkbookfair.com）

8月

辛巴威國際書展
Zimbabwe International Book Fair
（http://www.zibf.org.zw）
通常在8月的第一星期，是非洲最重要的年度國際書展。

蘇格蘭愛丁堡藝術季書展
Edinburgh Book Festival
（http://www.edbookfest.co.uk）
在蘇格蘭愛丁堡藝術季時舉行，戶外閱讀活動為其特色，有五百場以上的座談會。

9月

俄羅斯莫斯科國際圖書博覽會
Moscow International Book Fair
（http://mibf.ru/exhibitions.php?type=1）
歐亞地區的重要書展之一。

北京國際圖書博覽會
Beijing International Book Fair （http://www.bibf.net）
近年來，以邁向國際版權交易為目標，吸引全球出版業者的目光。

瑞典哥特堡國際書展
Goteborg International Book Fair
（http://www.bok-bibliotek.se）
了解北歐文學及文化的最佳場合。

10月

德國法蘭克福書展
Frankfurt Book Fair
（http://www.frankfurt-book-fair.com/en/portal.php）
世界最大的書展，亦為全球出版業的景氣指標，展示所有出版業者未來一年的出版品。

Part 2

閱讀者
People

Interview: 詹宏志
Made by books. Ruined by books.

我沒有其他知識來源，也很少跟活人接觸，是書裡頭講的故事，讓人嚮往的行動、概念跟某些生活的情節，都不知不覺的會引誘你，有天如果在實踐的過程當中借用了或重複了所看到的東西，有些可能不適合，有些就很契合，一點一滴就變成自己的life style。

訪問—郝明義

整理—莊琬華　攝影—蔡志揚

◎你經常背一個大書包，以前對你一個舊舊的皮書包尤其印象很深。你對書包一定有一套自己的看法與用法，我們就從書包談起吧，談談你怎麼看待自己的書包，如何選擇又如何使用。

●我有十幾個書包，大部分都是隨意得來的。像我今天用的這個書包就是五月底去參加國際雜誌年會（World Magazine Conference）時候拿的。

之前我也用過幾個特別喜愛的書包。八○年代初我在紐約的格林威治村買了一個皮製的包包，一直到九○年代初，我都帶它，直到帶子斷了兩次，不能再縫，就放棄了。後來又用了一個有品牌的（Dolce and Gabana），是朋友送的，可能東西裝太多，重量太重，用一陣子就不行了。這讓我有個感觸，如果有個很喜歡的包包，用久之後必須退休的時候，不免感傷。要避免這樣的感傷，就是避免跟書包建立感情，所以後來就隨便用。

我有一個朋友，絕不養寵物，因為人的壽命往往比貓、狗長，所以越愛牠，生離死別的痛苦就越大。我第一次有這個經驗，是在年輕時候。那個年代收書買書不是很容易，當時我很喜歡收集書的特殊版本，大概收了將近一萬多本書。有天，報社老闆突然派我去美國，一個禮拜之內，我把父母親送去南部，把妻子送回娘家，屋子裡面沒有什麼值錢的東西，就剩一堆書，所以我把這些書分成四個部分，寄放到四個朋友那去。回來之後，有一部分，朋友很好心地送回來給我，有些也就沒去拿了。那種感受就刻骨銘心，人生無常，收藏多少東西，有一天說沒有就沒有了。不是不想留，是真的留不住它。之後，我買書，隨著所得愈增高就愈敗家，但慢慢不再想收藏特別的書，而是買要用的書。如果朋友要借書，我也就讓他拿去。如此包括我自己寫的書，有的絕版之後連我自己一本也沒有了。

我有幾個類型的收藏，因為和工作有關，所以量有點大。我有幾千本推理小說、幾千種旅行文學的書，那都是收了十幾、二十年了，上窮碧落下黃泉，全世界到處跑，到處留話，留資料給舊書店的老闆，希望如果看到書，可以通知我。我計畫這些收藏也許未來就捐出去，我兒子當然覺得悶悶不樂，為什麼不留給他。只是我看過太多事，像胡適，這些人死後，家人各有各的發展，沒有人能對付這些書，所以最好在死之前趕快寫下，以後我死了，我的書都變成公共財，這樣至少還會有人讀。如果書屬於誰，那個人就一定是殺手，要不他太珍惜、不利流傳，要不他不珍惜，不知道這是什麼東西。書如果跟人沒有關係，意義就不大。

書包也是如此。我幾個最愛的書包都不堪負荷，先引退了，所以我現在用書包就很隨意，也很沒有紀律，今天想帶什麼就帶什麼。所以書房中十幾個書包，每個都裝有某幾篇東西、幾本書，有時候都忘了有哪些書在裡面。

◎為什麼總要把書包裝得那麼重呢？都裝些什麼？

●就是貪心。我看書很快，總怕手邊沒有書可看，所以每天早上出門前就會慌張地想，書包裡應該多放幾本什麼書。

我可能會有一大堆相關的資料、正在處理的文件要帶，可是只放一本書又很不甘心，怕有時候可能會突然想看某些書，所以忍不住就想多塞一點。好在做出版最不怕搬書，不怕書包重，所以書包中總是有很多本書。通常，都是些氣氛完全悖反的書，可能想跟一個題目搏鬥，所以放了一本歷史的書，又怕有些零碎的時間比較想看娛樂性的書，因此又偷偷放了兩本小說。

◎網路上有一篇文章，寫詹宏志躲在會議室裡讀偵探小說——一個人對著書本的專注場景，顯然是個極其動人的畫面。

●我也看過那篇文章。那大概是指開會的時候。因為我一定準時或者提早進辦公室，可是其他人可能容易被事情絆住比較晚來，我就會先看書，等其他人到，就趕快

把書藏起來，大概是那時候被偷看到了。

工作之後，讀書時間越來越支離破碎，我在辦公室出了名，因為我上樓梯會一面走路一面讀，在街上走路、過馬路等紅燈、搭公車，我也拿著書。時間零零碎碎，不湊起來就一點都不值錢。有一天我從凱悅飯店開完一個會出來等車子，坐在路邊就把書拿出來看，被一家周刊拍下來，還寫了一點半嘲諷的報導，類似「這樣子公司還會有人在經營嗎？」等等。我的時間的實情就是如此。如果不用這些時間，就達不到年輕時候那麼自在就可以讀的量。現在是兵馬倥傯，所以我學曾國藩讀書的方法。

我自己會在出版業裡做那麼久，也不完全是對出版那麼熱愛的緣故，因為其實對出版灰心喪志的時候也很多，但只要到其他行業，都做不久，因為會覺得怪，覺得少了一個東西，覺得上班看書罪惡感特別重。以前我在唱片公司，某天沒事就把書拿出來看，突然有人敲門，我嚇得趕快把書藏起來。後來想想，我是總經理，沒有人會開除我，來的都是同事，也不會怎麼樣，但我就是覺得這時間是別人的，看書是personal enjoyment，好像是用別人付薪水的時間做自己的事情，會很不好意思。在出版社上班，則可以理直氣壯的看書，因為在那個時間看書，還可以幫老闆把錢賺回來。

看書對我來說像是酗酒一樣，無可救藥的陷溺，東看一點西看一點，心理上就感到開心。

◎這樣片段片段地閱讀，你怎麼延續印象？
●年輕時候完全不成問題。現在要接起來，花的力氣就大了，如果間隔時間長了點，就必須再看一下前面。但我現在也看得很開，因為時間就是這麼破碎，看多少都無所謂，接不起來就算了，我沒有那麼在乎。年輕的時候，一坐下來看書，我就會拿出筆記，現在也不會了。讀書是打發生命，並沒有要拿它來幹嘛。我說這是閱讀的「快感政策」。

◎我記得你有早起的習慣，你的閱讀時間有沒有特別分配？
●我起得非常早，大概是四點半起來，那是最舒服的時間，這段時間我就用來看書、寫作、上網。我是鄉下人，本來就比較早起，但刻意這麼早是大學開始。熄燈之後，我就會拿著書到餐廳裡面，讀到兩點，然後回宿舍睡到六點起來。我養成一種紀律，讓睡眠長度維持在四到四個半小時。

後來到報社工作很晚睡，離開報社之後，第一件事情就是調回早睡早起，十二點睡，四點起來，一直維持了二十年，即使外出旅行也是如此，到那個時間就自然醒來。那時候周圍環境是靜止的狀態，這狀態跟晚上又不太一樣，晚上讀書是「漸入眠境」，早上讀書則是「漸入佳境」。當看完書要出門時，會精神飽滿，早上讀書不那麼時髦，但效率比較好。早上也是比晚上好的寫稿時間。我現在覺得，晚上需要咖啡、克補，需要一些搏鬥，早上就不需要，是在慢慢打開的狀態。早上的時間最完整充實，一出門，時間就支離破碎，連回家的時間都不可預測。

我大概八點左右出門，然後若是中午沒約會，在辦

**看書對我來說像是酗酒一樣，無可救藥的陷溺，
東看一點西看一點，心理上就感到開心。……
讀書是打發生命，並沒有要拿它來幹嘛。我說這是閱讀的「快感政策」。**

公室吃便當,大約有一個小時的時間可以讀書。我在工作當中最喜歡的一種情況是,訂好一個約會,但對方臨時失約,突然間多出兩個鐘頭,那是非常開心的事情。

◎晚上回到家之後你怎麼安排時間?都讀些什麼?

●我還是會看書,但現在比較不能對付硬的東西,因為會疲倦,所以讀一些小說,一些比較輕的論述。年輕時,睡覺前躺在床上還都可以讀《方以智晚節考》,或是微積分。那時候腦筋清醒,現在精神狀態都有自然律在支配。

◎對於閱讀的空間,有沒有特別的講究?

●我有固定的空間,也有不固定的空間。固定的空間是我家裡某幾個位置。以前是書房,現在書房放電腦,一旦坐上去,書就變成配角了。所以我看書的地點主要在客廳的一張桌子上。它跟了我很多年,幾次搬家都留著,那張桌子很大,可以同時放很多書。我看書喜歡對照參考,所以有時會同時打開好幾本,我的習慣是如果看到人名,我一定查出此人的生卒年份,然後寫上去,產生一種check的功能。所以我很喜歡用那張桌子。如果是假日,我就會在一張面對窗外的沙發閱讀,那是relax的地方,連讀書的心情都不太相同。辦公室裡,我也非常喜歡會議桌。這桌子開會當然令人頭痛,但只有一個人的時候就很舒服。

這些年來,我尤其有點心得的空間是在候機室跟飛機上。因為經常要花很多時間在飛機上,我看書又很快,所以一定要計算飛短程要帶多少書,長程又要多少。如果碰到轉機延遲的時候,就會出現青黃不接的問題,必須想辦法在機場補充貨源。這是中毒者的跡象,要按照劑量來,一天打兩針,如果沒有就會雙手發抖,口吐白沫,必須找到新的藥。所以我必須很有計畫。我不帶很多書出去,因為會減少帶書回來的力量。有時候我也會帶一些可以在路上看完就丟的書,同樣的空間就可以換新書回來。

◎談一談你的閱讀習慣和方法吧。

●我讀書不是很有系統,但大概可以分為兩部分來說。一是某一段時間,可能三年、五年,對幾個題目充滿好奇,我會比較有計畫地找相關書籍來讀,尋找淵源、建立自己的理解脈絡。其他部分,就是放縱自己看吸引我的題目,不管它有什麼意義、用途。比較有計畫的部分,大概都同時維持三到四個題目。譬如我曾經有過一段時間花很多力氣想了解public culture,包含批判面跟解放面,所以去讀有關的各家理論,想要知道一個大概的面貌。

比較沒計畫的部分,像十幾年前,寫完《創意人》、《城市人》之後,準備寫一個題目叫《旅行人》,還取了一個副標題:「關於行動的靜思」,或「關於旅行的形上學」,意思是說,人之移動,其中有一部分看起來沒有具體的動機,好像除了去把財富花掉之外,沒有積極的目標,然而事實上這裡面另有價值。譬如中國認為讀萬卷書不如行萬里路,西方相信travel的教育功能,這行動本身一定有一個隱藏的意義。所以我想用帶著故事,帶著反省、理論的形式,最後提出一個新時代的旅行觀的小書。

會有這個動機,是從康有為的《歐洲十一國遊記》

我是一個相信書的人,會跟著書工作的人。
我相信Books never failed us. 我會這麼說,因為我會跟書反覆交談。

開始，特別是拿他在裡面所說的話，去對照後來他所做的事，再以一個今天的旅行者的角度做比較。等到要動筆了，我覺得我擁有的故事還不夠多，就想應該看更多像康有為一樣的旅行者，他們都基於不同的理由去了某些地方，待在某些地方，回來後改變成另外一個人。從他們的敘述、感受，我來看看更多的why people travel這樣的故事。

這是1987年的事。一開始我是找大家都熟悉的、有名的探險家，慢慢就找到更冷僻的作家，書已經沉默在時間膠囊裡的作者，越找越多，忘路之遠近，所以，等到我回過神來，十二年就過去了，然後蒐了一屋子這樣的書。有些書很難找，但幸運的是，我有一個姊姊剛好在美國圖書館學系讀博士，所以通過她的力量，所有買不到的書，就設法用館際交換的方式借來影印給我。這本書到今天都還沒寫，閱讀的過程對書的寫作幫助也不大。這些舊典不一定是經典，但在西方過去幾百年裡頭曾經是很重要的東西，而中文世界是沒有的。所以後來就逐漸產生一個計畫，成為城邦裡面馬可字羅的旅行文學。書都選好了，只是受限於我寫導讀的能力，出得太慢。

這個題目就是有點不期而遇。我不知道我在找什麼東西，就多看幾本，每一本都指向過去影響它的書，這些書在歷史上有個暗流，往上會溯到上游，往下會到下游，所以不知不覺就把這系統給讀起來。近年來這些題目的形成，我都持一個比較放縱快感的政策，看哪個題目讓我有感官上的歡愉。

◎透過閱讀來加強自己的能力，你這方面一直身體力行。不管你過去學電腦，還是花五、六年時間了解財務相關問題，你透過閱讀來獲取一些專業能力的方法，祕訣為何？
●我是一個畏懼跟人接觸的人。很怕問人問題，也怕去上課。每當我碰上什麼不會的東西，就覺得沒關係，這世上總會有相關的書。所以，我習慣用讀書來解決工作裡某一技能的困難。

不會的東西就找書，這其實是在學校裡面的訓練，一個題目，怎麼通過書的尋找把它包圍起來。在出版業的生涯裡，我原來是一個編輯。但是在遠流的時候，我下定決心從編輯跳到marketing的角色。於是我把台灣所有跟marketing有關的教科書，跟談marketing的商業書找來，四、五十本都讀了，所有理論在內心反芻，試著在工作上驗證。這個習慣到今天還是一樣，每當遇到困難，或者新做一件事，比方說電子出版，要了解跟數位版權保護技術相關的東西，就是找書來讀。當然現在工具更多，不一定是書，可能透過 internet 就能搜尋到很多文章。

很多人書讀得很好，但是並不真正相信書，沒有跟書反覆交談。我認為書很少說錯，也不會讓人無所依從，我們不應該只按照表面來理解，而是必須反芻，扣問作者的鬼魂。這幾十年中，因為我的工作範圍一直在變動，讀書這個技能幫了我很大的忙，不然我每個月都要上課，三十年的東西可能要用六十年來學。我很幸運的在讀書的時候，有得到讀書的基本技能，整個學校教育，就是應該教會大家讀書的技能。

◎學會讀書的方法，應該是學校教育中很基本的一件事情，現在對很多人來講，反而變成一個問題。為什麼？
●現在的教育系統，好像是在為大家找答案，而不是給找答案的勇氣跟能力。所以，從小學開始讀書識字之後，應該培養的技能是「我要怎麼自己去找要讀的東西」，怎麼把找到的東西用不同的方法混合起來，然後可以以自己敘述的能力表達出來，這樣才能占有它。如果一本二十萬字的書，可以用一千字說出來，那就表示讀懂了。這是一種技能，到了高中應該有完整獨立讀書的能力。

可是在台灣，到了高中，學生仍然被保護著，並沒有被要求孤獨地去選擇、去解決問題，而是被告知、是

在複述教育者所知道的事情。高中生的讀書能力仍像是小學生，所以到了大學，當高中來教，獨立閱讀的能力都晚了一個階段。現在大學中老師還是講課太多，教的也只是他知道的事，照理說，閱讀世代應該是越讀越大，所以老師要給個範圍，讓學生獨立去讀，那麼每個人都讀不一樣的東西，閱讀的面貌就會不一樣，擴散出來力量就變得很大。他們也才有機會知道如何孤獨地透過書來解決問題。

◎你剛提到很多人書讀得很好，但是並不真正相信書。請就這一點再多談一談。

●很多人看書是因為覺得應該看書，而不是真的喜歡看書、想跟書做交流。我常說，真正的閱讀，是要和作者come to the terms，跟作者討價還價，這樣才能真正得到東西。如果只是聽作者單方面地說，那只是鸚鵡一般的知識，不是真正的知識。現在教育給學生太少自我執行跟自我表達的機會，也很少有機會讓他們選擇自己要看的書。而讀書的時候，很多人又太容易就按照字面的意思讀，並沒有真的讓作者說出話來。你既然沒有扣問到作者的靈魂，當然是談不上相不相信他的。

我是一個相信書、會跟著書工作的人。我相信「Books never failed us」，因為我會跟書反覆交談。舉個例子，當初《PC Home》雜誌要上市的時候，大家都知道marketing有四個P，因此要考慮Product做什麼，Pricing要做什麼。結果在開會討論的時候，發現同事對Pricing這個概念很天真，要研究雜誌定價政策的時候，他們的方式就是看同類型雜誌的定價。結論是，如果要走高級路線，定價就是兩百到兩百二，如果要走大眾路線，那就一百二到一百五。他們把世界上已經發生的狀況當成一個範圍。

但是，如果把定價落在世界上已經存在的價格範圍裡，那就不叫Pricing，反而是不要動到Pricing了。如果真的要用Pricing作工具，就要脫離世界上對價格已經熟悉的定義，要不就做比原有價格貴很多，要不就是低到變成破壞。每一個東西，原理都一樣，本來這四個P是策略工具，結果卻被理解成一種檢查項目。檢查是檢查過了，可是卻沒有想過真正要做什麼。

◎除了借助閱讀來增強自己的專業能力之外，閱讀對於你的life style、飲食這些方面的作用又是什麼？

●我是made by books，也是ruined by books，是為書所造也為書所毀。我沒有其他知識來源，也很少跟活人接觸，是書裡頭講的故事，讓人嚮往的行動、概念跟某些生活的情節，不知不覺地會引誘你。有天如果在實踐的過程當中借用了或重複了所看到的東西，有些可能不適合，但有些就很契合，一點一滴就變成自己的life style。

我的父親是八斗子人，他吃飯是無魚不歡。魚，還一定要是海魚。他對魚的理解非常深刻，我因為常跟他一起去買菜，在旁邊看，所以只學到我父親的十分之一，就已經變成我同輩間最會買魚的人。我對家鄉某些食材的體會，沒法像我父母那麼深，相對而言，我沒有那麼固著，在文化上我是流浪的人。但我目前的生活跟我的父母有很大的不同，因為接觸的東西太不一樣了。我讀大量的西方書籍，就會反映到廚房裡頭，例如

人生苦短，不是有那麼多機緣來接觸那麼多東西，
書就變成一個替代性的經驗，可能有點皮毛、有點空虛，
但它給我機會讓一輩子可以過二十個輩子的經驗。

書的作者提到某種特別的菜，有天若真的看到，我就一定會買回來試試看，所以我的廚房有很多異國情調，這不是我的父母親有機會接觸到的。我透過閱讀，學會做許多沒有去過的地方的菜。也許有一天真正到那個地方的時候，會發現我做的根本不是那地方的菜。但起碼就目前來說，就算我做錯了、說錯了，現場可以指正我的人很少。

四、五年前謝材俊跟我提到他想開一個叢書叫做「一本書」，概念是每個人心中一定有一本書他非常非常喜歡，想把它介紹給別人。他想找一堆人來推薦，我說如果你不介意，我就提供一本食譜。這讓旁人嚇一跳，可能沒有人想到這些食物書寫已經在我身上起了一陣子的作用。例如伊麗莎白‧大衛（Elizabeth David）的書，這已經不是現代化的食譜，不精確、不好用、也沒有圖，但是有強烈的散文跟考古性格，這是我所指的食物書寫，或者叫做food narrative，是泛指對食物的態度，各式各樣的書寫。

我後來意識到不只翻譯的書，台灣本地的食物書寫力量也大起來了。過去寫食物，只有人文背景式的逯耀東，或者以回憶為主的唐魯孫。前者是用行動來尋找失去的味道，後者是在夢中尋找家鄉跟他年輕時候的滋味。但現代人足跡廣了，能寫各國美食的人越來越多，新一代的品嚐者，經驗是豐富的，穿透其他文化能力很強，講法國菜等各種系統的功力越來越高，本地創作的力量也在發生，所以可能food narrative在台灣有機會成為一小支，這個範疇的建立，看起來是在發生中。

◎那麼旅行呢？你是一個很愛旅行的人。旅行如何跟你的閱讀互相呼應？

●「讀」永遠比「走」能到更多的地方。我去一個地方之前，會讀很多關於那個地方的書，所以到達之後會看起來像是對那裡很熟悉的人。我有一次跟一群人到日本旅行，坐慢車，停在一個很大的站。我突然間想起一本推理小說，就跟同行的人說，我們應該下來，對面等一下會有快車，能更快到達我們要去的地方。下車後過兩分鐘，就真的來了輛快車，我的朋友問我是不是到過這個地方，其實沒有，只是突然想起那本書提過。

讀很多關於一個地方的書，好處是去到那裡，如見故人，有一種熟悉感，每個地方變得比較容易料理。我第一次去漢城，就帶了很多日文的漢城導遊書，還把所有韓文字母的發音用日文記住，記了大量的菜的名字，幾個要去的餐廳。這樣下飛機到旅館，在腦中想一下地圖，就鑽到一家在小巷子裡的店，看起來很熟。因為書，使得一個陌生地變成很容易料理，這是現代導遊書的知識，有情報的性格，古時候的書沒辦法寫得這麼詳細。

我一旦想去一個地方，行動還沒發生，書就已經發生了，可能會把幾本guide book都讀上幾遍。我對路徑要怎麼走，好像已經熟到可以跟從那個地方回來的人談，但我其實沒有去過。這是一個典型的行動侏儒所代表的意思，書給了我慾望要去，可是書比我的行動早走了許多，因而產生很大的陷阱，就是少了與一個陌生地方「遭遇」、「不期而遇」的機會，少了一點驚奇。可能所有的工作都太可預期，也可能寫書的人品味不佳，讓你失去溝通、碰撞的機會。所以更好的方式應該是找一點平衡：聽一點書的建議，然後再任性一點把所有的書都收起來，到街上去遊晃。

◎你也接觸過電影、繪畫這些書以外的不同閱讀標的。都是如何對待？

●真實的人生是在書之外，所以，最終的對照一定還是要到生活上來。但人生苦短，不是有那麼多機緣來接觸那麼多東西，書就變成一個替代性的經驗，可能有點皮毛、有點空虛，但它給我機會讓一輩子可以過二十個輩子的經驗。你可以談一個地方的菜色，但你從沒去過那個地方，這是書的力量，只要讀了書能懂，就樂趣無

窮。我讀書的目的不是為了書，而是對於一個更大的世界的嚮往。我希望有機會能跟真實世界面對面。書是個替代也是個媒介。也許真正面對面的經驗是書不能替代的，但是因為它，我才會有那麼大的勇氣說哪天要去某個地方。

我們小時候讀書環境那麼糟，為什麼還可以創造出那麼大的力量來？小時候我讀一本黑白的西洋藝術史，第一次看到梵谷的畫。黑白的照片沒辦法表達細緻的色彩與層次變化，但是那幅畫就深深烙印在腦海中，對美感經驗也有影響，這成了一個動力，有天一定要去追尋。等到真的站在美術館那張畫前，眼眶就熱了起來。我們來自那個時代，那麼少的憑藉卻可以把人帶到那麼多地方，真是很神奇。書其實是一個召喚，是要你去見真實世界本身。現在有更多更好的書，可是書不是憑藉的全部，有更多可替代的東西，所以書反而沒有過去那麼有力量。

◎你覺得這二十年來台灣閱讀環境最大的變化是什麼？
●書從太少變成太多。書從很珍貴的占有到變成有點多餘、到不想照顧它，這是不一樣的痛苦。我有時候不能想像，為什麼家裡有這麼多書，但我的小孩在書架間走來走去，卻沒有意識到書的存在，沒有任何強烈的動機去看書。這是很大的變局。小時候，家裡每一本書，我可能都會看上五遍十遍，聽到同學家中有一套世界童話全集，就分三個週末到他家看完。一個鎮上能找到的書就是那樣。每天就只想找到有字的東西，把它看完。

那個村子太小，書也太少，進到城裡，發現新的來源，就很開心。一直到八〇年代初，走在重慶南路，每家書店每個禮拜陳列了哪些新書我都能指認出來，這社會的總生產還沒超過你的負荷。現在就不可能了，進入書店會感到迷惘，數量太多跟沒有方向都讓人困惑。現在我們有個很新的課題是，不論身為個人還是群體，我們怎麼來料理社會上這麼多書。書多一定是好事，但也帶有些困難，這些困難沒解決，那些好事就不會明朗。

◎那麼網路呢？你是怎麼看網路閱讀，以及電子書這些東西？
●電子書可以說是印刷形式上不同的書，但internet就是完全不一樣的東西。跟電子書比起來，那是一個更大的存在，像是一本非常大而豐富的書，有一萬頁但是沒有編頁碼又散落一地，網路是比我們過去熟悉的印刷的世界更大的知識跟資訊的來源，但處理能力比書麻煩得多。如果沒有好的訓練，網路的幫助其實很小，只會讓人迷失。

書是經過處理的東西，作者、編輯可能提供了架構。Internet則沒有。網路真正的價值是它可以用迅速的方式搜尋、取得已經存在的訊息。這是傳統書籍沒辦法比擬的。但網路是困難的東西，因為這些訊息彼此之間的關係是被使用者決定，如果不是使用者自己體系井然，力量發揮不大。網路需要高階訓練才能產生力量。不然，就只能在其中東竄西竄。好處是訊息跟行動可以連結起來，例如購物，從引發興趣到了解到採取行動，可以在一條線上完成，在真實世界，這是分開來的。

**我經常會聽到很多假問題，這是在某種概念以下被強迫放在一起的問題。
例如我常會被問「你覺得文化跟商業是否會有衝突？」
我說，這衝突是在這一個問題中被迫放在一起的。**

◎以前你講過百科全書是讓人感到假性博學的東西，現在網路也有這種作用，那麼這兩者之間的差別是什麼？

●網路比任何百科全書都大得多了。所以從某些角度看，百科全書的價值低很多。每一部百科全書都有當時編輯的要旨、基本想法，所以百科全書可以提供的概念，跟你要相信它的方法很接近。但網路全部是要看使用者，它訊息很多，但有時候很難料理，因為訊息太多了，有跟沒有一樣。網路幾乎是另一個真實世界，需要自己建構，需要導引。但是單一要取得一個事實，網路比百科全書更快、更具體、更豐富、更多元。如果你是一個有相當判斷能力、有使用書、有知識訓練的人，網路已經大大減少了查詢百科全書的機會，幾乎取代了百分之九十。

◎你原來對《大英百科全書》全書三個架構Micropedia、Macropedia、Propedia的評價，在網路版出現後，有什麼變化？

●網路有了《大英百科全書》後，其意義已經完全不一樣了，它從讓你感受到占有世界知識的角色，變成是幫你認證（reconfirm）世界知識的查考項目。網路上的版本已經不是你取得知識的第一站，而是要確定這些知識是否可靠的第二站。

《大英百科全書》的三架構，某種程度上可說是在一個還沒有數位工具的時代，率先顯示數位時代可以做的事。Micropedia跟Macropedia之間的關係，就很像今天網路的「層」的關係。第一層Micropedia的部分，可以讓我知道的東西可以這麼多，如果我想知道更多，就到第二層Macropedia的部分。實體《大英百科全書》過去用字母來排列內容的時候，並沒有分層的概念，知識的多寡已經預先被決定了，哪個條目重要，就寫兩萬字，不重要，就寫一千字，使用者沒有辦法自己決定。八〇年代之後，《大英百科全書》開始使用Micropedia、Macropedia、Propedia的架構，幫助我們可以快速查考，

或者深度檢索。而今天，網路本身已經是最好的工具，可以分很多層，來解決逐步擴大的需求，使用者可以決定自己要停在第幾層。

至於Propedia，其實是未來知識架構的展現。當時沒有科技工具，但它用一個新的方法告訴你最後知識可以形成這樣。Propedia其實就像今天的fuzzy的索引，是個模糊查考的概念。百科全書的一個困難是它用條目來查考，如果你不知道條目，就沒有辦法查。也就是說，我們一定要先知道問的問題是什麼。如果看到一個詭異的現象，例如有人畫圓老是畫出兩個半圓，沒辦法畫出整個圓，看到這個事，但不知道是怎麼回事，這是沒有辦法查百科全書的。但是Propedia出現之後，可以一步一步用知識架構去看，這到底是屬於哪一個問題，最後查到腦神經學，然後再到Micropedia去看，最後把那個條目找出來。

現在像Google的查法是用單詞比對，這並不是真正碰到問題的狀況。真正的狀況多半是要問模糊的問題，所以詢問的對象、機器，要有像人一樣的知識範圍概念，今天的科技有這種fuzzy indexing，雖然還不完善但已經很厲害了。最新的搜尋技術，特別像是智慧型搜尋網站www.ask.com，就可用自然語言來問它了。《大英百科全書》的Propedia就是把人的知識範圍做一個大的架構出來，讓你一步一步逼近，從問題的性質一路查詢，找到最後的答案。他們了不起的是在八〇年代初就做出二十年以後的科技才有辦法逼近的東西，所以那個架構是很未來性的工具書。

◎今天可能由於網路搜尋資料的方便，讓我在看一些年輕人寫的文章時，很可以感受到他們資料旁徵博引的豐富。但是看他們結論的時候，又經常有抓不到重點、難以聚焦的狀況。這種現象你覺得是什麼樣的問題造成？

●可能來自大部分人太快問自己一個題目，又太快找到答案，並沒有去想這個問題如果有答案，我們會得到什

麼。所以如果結論有困難，可能是題目有問題。寫文章或論文，終究是要用探問的方式去逼出一個結論，如果我們沒有花力氣去處理題目，其實很難有力氣處理答案，結論就會游離或者模糊。

我有一段短暫的教書時間，能感覺到學生普遍有的問題。他們從來只注意尋找答案，而不覺得問題是要處理的。對於一個問題，既然要花很多時間去找答案，就值得先花時間搞清楚這題目要幹嘛，能幹嘛。也許光是這樣的問法，我們就會知道這是否是可以幫我們逼出答案的問題。

我經常會聽到很多假問題，這是在某種概念以下被強迫放在一起的問題。例如我常會被問「你覺得文化跟商業是否會有衝突？」我認為，這兩件事情是互相存在著複雜的混同跟包容，沒有辦法直接放在對立面上去。文化裡面有經濟法則，經濟法則裡面有文化。真正的問題或許應該這麼問：「當經濟法則推到極致，跟文化發展到最純粹的時候，兩者是否可能會走到不同的地方？」問題這樣問的話，才可能會有答案。但如果說文化跟商業是否有衝突，這題目就不知道怎麼答，因為這題目是不清楚的，不知道要怎麼料理。

◎你覺得「假問題」最大的特質是什麼？

●如果仔細想，就是非常模糊的問題。看起來是個冠冕堂皇的問題，但其實是個含混的問題，因此也不會有清楚的答案，而是各式各樣嘟噥不清的東西。

◎你曾經在一篇文章裡寫到：「從我崎嶇不平的生涯看來，文化工作者擁有的力量可以比他想像的還大一些。如果有年輕人問我如何做到，一時之間我可能會覺得靦腆，不禁囁嚅地說：『或者學一點經濟學？』」……」回顧你經過的路途，大學念經濟系，對你來說應該是人生極重要的一件事。一個愛好文學的年輕人讀了經濟之後，改變了他認知這個世界，以及面對這個世界的角度與方法。你後來在人生幾個重要轉折點上，都可以看出它的作用與影響。你怎麼看待經濟學？

●當初讀經濟是一個意外。我本來是想考文學院，但是當時男孩子讀文學院是要鬧家庭革命的，所以偷偷想去讀政治系。由於填志願的時候，要擺幾個門面在上頭，我沒有考準，就變成經濟系了。

讀了經濟覺得有趣，因為它在解釋人的行為，特別是核心事物（經濟、選擇跟支配的行為）中，很多分析跟平常用未受訓練的眼睛所看到的世界很不一樣，覺得有些震驚。像市場這個概念，光是談市場支配，所有人自私的行為竟然可以帶來理想國式的效果，這對一個懷抱理想的年輕人來說當然是很震撼的，他原本以為理想是要靠犧牲來完成。當你明白市場可以做這麼多事情的時候，你就會比較謙虛，不會再那麼莽撞。我再也不敢說，這本書賣很多，就是笨蛋寫給笨蛋看的書；也不敢說，因為某一個東西有市場或者無市場，在社會上的價值就自然有別。這兩個其實是有重疊的部分。一本書暢銷，既不能擔保它是壞書，也不能擔保它是好書。一本書不暢銷，也不能擔保它對社會有意義或無意義。你會

我每天都跟所有人意見不合，我enjoy這意見不合。
這是工作熱情的來源，不是一個要變化的原因。變化有其他原因。
如果我要作我自己相信的事，很難避免跟這社會意見不合。

發現這是兩個不一樣的尺碼，沒辦法做成一個對應的架構來處理。

我們大學時候，幾個文藝青年，寫詩集賣不好，就會批評這社會沒有水準。他可以用一個比較輕鬆的態度來看待這件事，但我不能。我會想很多，一本書賣不好，是表示社會在當下不需要它，並不是它不好。如果這書有價值，我應該尋求一個非市場性的架構來處理它，如果用到市場的架構，就更應該善用這個市場，並針對它的結構。光是這些，就使我跟同輩的文藝青年沒有辦法站在一個完全一樣的態度上，我跟浮士德打交道的機會就多了。

◎後來呢？

●這些是我用來分析，以及下所有決定的主要訓練。我對市場遊戲規則有一定的尊重。如果我想取得銀行貸款，那我要明白銀行貸款的市場是什麼，取得資金的原則是什麼，那些要把錢給別人的人邏輯是什麼，他們要什麼。

我如果用social的方式，我一定達不到目的。我出一本雜誌，需要它很長久、很自給自足的走下去，就要知道那個法則，弄清楚它是要有廣告還是沒廣告，如果要有，那個廣告pool要有多大，我要知道很多事。要編一本書或規畫一本雜誌，我會希望所有參與者要解決這麼多問題，一個都不能少，因為那是要把它放到市場去的時候，重要的依據。廣告有廣告的市場，影響力有影響力的市場，要怎麼找到它的邏輯，然後盡我們所能，把這一部分的條件作足。

這樣看起來，編書、賣書的人，不再是社會中的弱者，它可能是有力量的人，這使他們不需要跟任何人乞討、不需要跟政府打交道，完全可在現成的社會體系中自給自足。我也不認為這些東西要用庸俗跟下流作代價。庸俗有庸俗的市場。學術書裡面有好東西跟壞東西，通俗書也是，它是不同的市場，而不是一個上、下流。

的市場。如果這樣來理解，作少量書有少量的方法，作大量書有大量的方法，基本上都是市場。所以，我會思考的是原則，比方作侯孝賢的電影，如果不能用傳統的方式來賣，那麼應該怎樣來賣，書跟雜誌也都一樣。學經濟，使得一個人想用理性力量解決問題，不想用社會上既定的強勢、弱勢分類來定義。

◎為什麼還是會有人對你另有不同的意見或看法？

●這是我自己的問題。可能是我的話自己也聽不懂，別人又怎麼了解？我對工作的態度跟想法，不是所有時候都在說，都能說。我的態度和方法，在社會、文化上相信是少見的一方，我也不覺得奇怪。只是如果看其他成熟的資本社會，這反倒很典型，在台灣則算是比較帶有破壞性的，對原來熟悉的體系重新洗刷的意味。這是工作的方法很不同，背後的哲學也不一樣。

受到批評，有時候也是令人沮喪，但有時候覺得難以避免，沒有花太多力氣想它。有時候也會碰到人家問我，是否離開遠流是因為跟王榮文意見不合；從城邦退休，是否跟Tom意見不合。我都覺得很難回答，意見不合本來就是我的風格，這從來不是問題。我每天都跟所有人意見不合，我enjoy這意見不合。這是工作熱情的來源，不是一個要變化的原因。變化有其他原因。如果我要作我自己相信的事，很難避免跟這社會意見不合。

拿剛才說的Pricing作例子，真正的Pricing是要離開現在大家已經存在的範圍。工作也一樣，要做一個有力量的行動，一定跟社會有滿大的格格不入，不然就是跳進同一個缸子跟模式。創業者通常有個特質，就是覺得全世界都錯了。當年看沈登恩、王榮文那個時代，每個出版社的出現，都是因為有一本書沒有人出。有人覺得這書很好，但老闆覺得不能賣，一氣之下，就自己開個出版社。創業的動機就是有一個要證明的事情出現，現在這可能不是一本書的概念，可能包含一個領域、一個做法，這就是這社會每天要冒出來有趣的事。如果你是企

圖要做什麼事的人，對社會有魯莽的衝撞，弄到彼此都有瘀青是在所難免。這也是我比較看得開的原因。

◎你剛才說，對你而言，閱讀的出發點是由於對人的畏懼，或者不善於跟人接觸，才從書中找答案。再請多說明一些吧。

●我講的主要是知識性的部分。其實我讀書大部分都不是為了知識，都是讀沒有用的書，可是我碰到問題，要接受新的工作，必須要有全新的相關知識。問活人會害羞的問題，問死人沒有，所以從書架上把書找來，讀著讀著就可以知道是怎麼回事。其他時候則不然，讀其他知識目的之外的書是因為嚮往這個世界，透過一個比較安全的方式去進行。

我就是一個很自閉的人。很怕人多的地方，也很怕跟陌生人接觸。我今天要去見一個工作上必要的，但不認識的人，總有很複雜的心理過程。對於party，更是讓我痛苦不堪。

◎你最早什麼時候發現這種傾向？

●比較明確的時間大概是離開報社之後。以前在報社工作的時候，我想到新聞工作要每天出去跟人打交道，就坐立難安。到那些場合，我常常會沒有話題。跟生意人打交道，他們講一堆高爾夫、講去哪裡玩、酒色財氣，我沒有話題可以用，所以得去找一點東西。所以那個時候我就讀面相書，這樣別人就可以進入你的話題，打開僵局。

因此在報社的那段時間，我喜歡待在辦公室裡。我跟五、六個人工作，他們做我的耳目，我自覺有點像推理小說家Rex Stout筆下一個叫做Nero Wolfe的偵探。他是一個胖胖的人，很恐懼出門這件事。他愛美食、愛蘭花、愛讀書。他收費昂貴，腦筋清楚，唯一願意離開座位的時間是上樓去種蘭花。他不用出門，全部用聽的，就可以下判斷。

但是那時候我還不知自己有那麼大的問題。等1983年我從美國回來之後，有半年的時間完全不願意出門。出了門，在路上遠遠看到有認識的人過來，我會避開。接著一段時間我跑去做滾石，去開咖啡店、唱片行。後來才到遠流，那好處是公司很小只有八個人，我有一個閣樓房間，不用看到其他人，一做就十年。之後，這性格越來越明顯，也越來越有條件說我不要出去，只是不得已有很多場面必須去，去扮演各種角色。在報社的時期，在圈裡頭被誤解相對現在而言是比較少的，因為那時候比較活躍，也比較願意跟人溝通。現在是再也不出門了，也沒有人知道你在想什麼，變成一個神祕的人。神祕就會變成強烈的正反兩面，也有可能被當成隱藏的邪惡。

◎接下來你打算要怎麼善用退休後多出來的時間來閱讀？

●我先下定決心不要作出版。

◎真有這麼大的衝突嗎？

●倒也不是。只是已經糊里糊塗地從事三十年的出版，如果人生只能做一件事情，有點可惜，因為只有一次的生命時間，那也許豐富、有趣一點較好。過去三十年，我做同一個工作，掛同一種型態的微笑，那麼規矩，有效率，像機器人一樣不動情感，這有點無趣。如果可以改行去做做另一種人，可能自己會開心一些，所以大膽一點先把自己的某條路先斷了，才可能去追尋那個很不一樣的路。

生活這件事還是很有樂趣的，只是跟以前型態不同。我有點機會看其他跟我很不一樣的人，他們也有看起來比我快樂很多的時候，所以希望能有機會去做另一種人，過另一種生活。但是什麼我還是不很知道，先流浪一下再說吧！以前的和尚找不到答案就去遊走四方，也許路上比較容易想出什麼事來。我現在是這樣想，先給自己一個放浪漂流的機會。　■

聖母峰的召喚

對每個登山者而言，攀登世界最高峰是一個永遠的夢想。1993年台灣首位登山者完成了這個夢想。《8848的征服與敬畏》一書中詳實記錄了他的攀登過程。當時對剛加入登山社的我而言，作者吳錦雄是我心目中的英雄人物，書中攀登聖母峰的點點滴滴，讓人敬佩嚮往，但似乎遙不可及。然，怎麼樣也想不到，十二年後，我會同此書的作者一樣，踏上聖母峰去挑戰屬於我的夢想。

今年（2005）三月底，我代表台灣參加中、日、台女子攀登聖母峰活動，攀登的路線正和吳錦雄攀爬的路線一模一樣──北面東北脊路線，隊伍的組成模式也同樣以西藏登山隊為主力隊員。《8848的征服與敬畏》是我最好的參考書籍，當然其中描寫的攀登情形，讓我對聖母峰有更多的認識，然而這本書對我最大的影響，卻是作者的勇氣、決心與登山態度。

獨立自主，挑戰最嚴厲的考驗

在吳錦雄的書中，登頂路線上有十道難關，每一道難關他都不斷提醒自己小心通過。除了那些地形關卡，攀登聖母峰另外的考驗就是高海拔缺氧及低溫。當我們的隊伍往6500公尺以上攀登，書中所記錄的情況，都在隊員身上一一發生，如頭痛欲裂無法睡覺、咳嗽痛如刀割、紫外線太強造成雪盲、低溫造成幾位隊員手腳嚴重凍傷、高山病緊急下撤、攻頂時無法吃下任何食物，只能喝兩杯水、攻頂後因體力消耗過大，整個人瘦了一大圈……等等。

大多數時候我是一個人行走，
獨自通過危險地形、
獨自面對暴風雪、獨自判斷決定。

文‧圖─李美涼

不管讀過多少次文字，總不能真正體驗出，那到底是多麼困難危險的境地。

當我真實的攀爬聖母峰，最後我的身體被打敗了，劇烈的咳嗽造成兩側肋骨疼痛，所有藥品都失效，為此我喪失登頂的機會。反觀吳錦雄雖然也有頭痛及咳嗽情形，卻沒有嚴重到影響攀登，其長達三年的充分準備，所鍛鍊出來的身體素質顯然是比我強。

我們的隊伍近百名隊員，僅我一人來自台灣，和當年吳錦雄一樣，隊員之間的關係是除了攀登本身外，我必須面對的最大問題。他曾努力的討好西藏隊員，希望拉近彼此關係，互相協助完成任務，但始終不得要領。當他在海拔8300公尺營地，置身約零下四十度的低溫下，在帳棚外喊著「我很冷、請讓我進去」，卻得不到隊員任何回應，只能自己動手進入帳棚，接著面對的卻是冷漠的眼神，為此他感到難受和不安全，甚至考慮放棄往上攀登。

這一幕深深印在我心裡，我對於西藏隊員雖然努力維持良好關係，但也作好獨自面對這次挑戰的心理準備。果不其然，實際攀登時，大多數時候我是一個人行走，獨自通過危險地形、獨自面對暴風雪、獨自判斷決定。當抵達北坳營地，低溫凍得我不住發抖，在等不到隊員回應協助下，我也只能安頓好自己。就像當年的故事重演，不同的是對此我沒有受到太大的衝擊，沒有太多的委屈難過，一切都在意料準備之中。

「登山隊員更不能有依賴心理，如果登山者不能照顧自己的一切，要靠登山隊，那還算是登山者嗎？」這是吳錦雄當時的登山的態度，也是我攀登聖母峰的自我要求，具有獨立自主的能力才是一名真正的登山者。

謙卑尊敬，期盼聖母峰的接納

在吳錦雄的書裡，不管是面對多麼困難的狀況，或是在等待的休息日，總能感覺到他的沉穩平靜，不焦急不躁進。我以為我能和他一樣的耐心地面對各種狀況，然而在長達二個月的攀登中，長期處在又冷又乾又缺氧的惡劣環境下，加上漫長無聊的等待，我的心情曾經為那樣的苦悶日子感到難耐，想要大聲吶喊；原來當生活的環境條件處於極端惡劣時，要維持心平氣和，是多麼的不容易。心平氣和確實是一項平時就該有的修練。

每年聖母峰總是奪走了數條人命，當面對最高峰的呼喚，並不是每個人都能做理智的判斷。吳錦雄對山是謙卑尊敬的，不是英雄主義的征服。登頂後，他感謝聖母峰女神的接納，感謝上天保佑，讓他能平安完成這次行程。我深受他這種態度的影響，對攻頂全力以赴，但不賭氣硬拚。

在真實的經歷及與書本的相互印證下，我發現原來攀登聖母峰最困難的考驗不在於體力與技術難度，而是如何將心理和身體一直維持在良好的狀態，以謙卑的態度面對山，才有機會成功，並且全身而退。　　■

本文作者為登山嚮導

京都 的頓號

我不知道這個咖啡館曾經存在多久，
或者還能存在多久，
但此時，
我真的覺得「世界如此美麗」。

文—徐淑卿　　攝影—倪孟慧

第一次到京都，我和友人從烏丸通漫步到著名的錦小路市場。這些被稱為「京都人廚房」的商家，果然讓我們在食慾大開中失去理智，否則很難解釋為什麼在眾多美食中，我們竟挑選了一道毫無特色的定食。為了振奮有些失望的同伴，我用「穿過林投與黃槿，便是海」的篤定語氣說：「市場的盡頭就是『錦天滿宮』了。」話語剛畢，一個掛滿燈籠的廟宇就在眼前了。

這並不神奇，也不是地圖的功勞。而是走在錦小路，突然便想起了朱天心的小說〈古都〉。也因為〈古都〉，到了古意盎然的寧寧之道，我左顧右盼確信不疑一定可以找到「洛匠」，那裡的庭院有漂亮的錦鯉，其中一尾通體雪白，只頭上有個紅點，宛如日本國旗。

這篇小說為我的旅程定了許多座標，雖然回台之後，我重讀一次，發現遺忘的遠比記得的多。但是在重讀的過程中，這些曾經走過的地名，有了迥異於前的意義，它們已經不是想像，而是有了具體的形狀以及冷空氣的味道，我想著它們，就像劃過手上的掌紋一樣。

一直以來，我最喜歡的閱讀場所就是咖啡館，書房讓我心不在焉，圖書館的閱覽室則是百無聊賴。而京都的咖啡館不僅是旅途中可以休憩的頓號，而且給我非常美好的閱讀經驗。我記得，在靠近鴨川有個西方二十世紀初風格的咖啡館，名曰「築地」，紅天鵝絨座椅，圓舞曲音樂，那時我正讀著《世界如此美麗》，一邊想著這樣的空間猶如置身在日本大正年間，一方面感覺到作者所描述的布拉格咖啡館的煙霧酒氣似乎慢慢瀰漫開來，這個多年前我也曾經到過的城市，就像久經水漬的鏡子，逐漸清晰明亮，我沉浸書中，偶然抬頭看看咖啡館的燈影，我不知道這個咖啡館曾經存在多久，或者還能存在多久，但此時，我真的覺得「世界如此美麗」。

還有個咖啡館是真正的煙霧瀰漫，但是我們不以為忤，因為在寒冷的京都冬天，走進這團煙霧裡，感覺何其溫暖。咖啡館放著爵士音樂，老闆已近老年，好像村上春樹當年沒去寫小說而繼續開著爵士吧，就應該是這個樣子。不過今年舊地重遊時，這家咖啡館已經找不到了，我在新京極與寺町通來回走了幾遍，不敢相信它就這樣消失了。

可是這家消失的咖啡館曾經給我一個不會消失的禮物。有一天，我在這間店裡的雜誌架上看到《文藝春秋》慶祝創刊八十週年的紀念號，裡頭有〈日本之顏，時代之顏〉的欄目，精選了過去曾經刊載的人物影像，像是吉川幸次郎、市川崑、黑澤明、手塚治虫等，同時策畫了看似不同行業卻有深厚淵源的人物合影，如伊丹十三、大江健三郎等，另外還有幫歷屆首相打分數，以及以千把字為近代日本各行各業菁英進行人物速寫等專題。這本特輯讓只能對著漢字望文生義的我愛不釋手，但因為是過期刊物，所以市面上已經買不到了，還是回到台灣後，朋友透過網路訂購，送了我一本。現在，我翻著這本雜誌，深深懷念那個再也看不見的咖啡館。 ■

在卓克基

塵埃落定

卓克基在藏語是桌子的意思，我去桌子上旅行。

在山裡，河流是倒長的葉脈，長途汽車吭吭地沿著其中細細一條爬上九個小時，你可以一直看著人們怎樣在葉脈邊緣討生活，梭磨河翻著綠與白色的大理石紋泡沫，羊角杜鵑在河谷上空盛放，白樺的幼林一重重攀得更高，再往上，雪山在藍天下明亮又安靜。

沾上故事裡的氣味

天擦黑時分我和我的旅行包互相拖拽著滾下了長途車，一位相貌堂堂的藏族老先生和他的小孫兒早在車站等了多時。我們到家，銅爐子上水汽正嘶嘶的撲出來，洗臉，烤火，捧起茶碗喝磚茶，從容得好像我前半輩子都在這個火爐子旁吃吃喝喝。

清早才打量起這個空氣新鮮又冷冽的小小藏村，山坡上的核桃和花椒樹，石片疊的房子層層疊疊拾級而起，經幡及目可見，簇新的與褪得只剩淡淡經文墨色的彩色布條交錯著，纏繞在廊簷下、旗杆上、吊橋繩索上的風中，過河入林，消失在山裡的廟宇間。

從出發前到抵達後，遇見的每一個人都要對我說一遍：「那兒有拍《塵埃落定》[1]的官寨。」梭磨的支流徹夜喧囂，對岸就是那個赫赫有名的官寨，從前土司就坐在氈毯上，盤算他土地上的用度與收成。我住進了故事的背景，還有故事裡描述的氣味，草的、雨的、人的，是我聞著的、並且自己也沾了一身的氣味。我把那本書留在家裡，雖然剛讀到一半且正津津有味，但我是那種寧願對目

好像是幾輩子前就約好了，
會在這一天、
這個地方等著我，
正如我從兩千公里外來到這裡等待它一樣。

文・圖—沈帆

的地預知越少越好的旅行者，好在，一種矯情還沒來得及變質成另一種矯情，我就像迅速忘了自己住了幾十年的城市一樣忘掉了那本書。

一頓飯後，沾了一身酥油味道，兩頓飯後，我已聞不到身上的酥油味。我學會了用樺木生火，跑到晾台上放眼一望，全村青煙裊裊，只有我點出來的這一股像黃風怪出山，混混沌沌。他們正在翻修官寨，斧子和鋸的聲音每天不絕於耳，躺在床上聞得見刨花香，一個樣子像土司老爺似的監工指著剛剛釘好的木框說，很快，就要有畫師來畫唐卡了。

等待唐卡的山中時日

第二天。照常敲敲打打，從我房間的窗口可以看到工人給窗櫺描紅畫綠。畫師還沒有來。我喜歡上了酥油饃饃、馬茶和酸菜麵塊，並且在不知不覺中大啖帶血的犛牛肉。小喇嘛們在廟子的草地上排演明天廟會要表演的跳神。村裡有頭母牛會用後腳搔鼻子的癢癢！

第三天。酥油茶沸了，小店老闆娘卻不知道跑到哪裡打撲克，吃飽喝足的我代服其勞，替新來的客人擺上茶碗。下起雨，所有的人都抱頭鼠竄，大路上只剩我跟牛在龍行虎步。畫布已經繃上了框，順牆擺了一排，聽說畫師要從很遠的青海趕來。我生火已經生得很有模有樣了。

第四天。夜雨阻隔了去遠處遊蕩的計畫。官寨的佛堂一天天變得金碧輝煌，一個人用炭灰包把圖紙上的花紋拍在護牆板上，第二個人勾線，第三個人上底色，第四個人像擠蛋糕上的花一樣用含膠的白泥擠出浮雕似的紋路，第五個人給它塗金粉。可是有傳說唐卡畫師要半個月後才到，我有點急了。

第五天。學會了擠奶，可以在又窄又陡的樓梯不扶欄杆上下。一句藏語也不會說的我和一句漢話也聽不懂的兩歲的央金，每天大呼小叫：「央金卓瑪！」「噯。」「孃孃啊！」「哎，哎。」叫了也沒什麼事，只是想知道彼此離得不遠。畫師還沒來嗎？正說著，一隊男人風塵僕僕地從山坡下走上來。他們說：來了來了，你等的人來了。可是第二天興許還不會開始，完成一幅唐卡要幾個月到一年，只是準備工作就要做很久。我已經不抱期待了。

第六天。買好回程車票，黃昏時再去官寨看一眼，遇到的每個人都跟我說，你快去。於是又一次爬上頂層樓梯，轉過身，看見走廊的盡頭，它在那裡。怎麼說呢，當你在街上，遠遠看見某個人像往常一樣等在老地方，即使遠隔著人群、即使他還沒有看到你，而你已忍不住臉上的微笑。這幅未完成的鉛筆線稿，好像是幾輩子前就約好了，會在這一天、這個地方等著我，正如我從兩千公里外來到這裡等待它一樣。這是我一生中見過的最美的唐卡。 ∎

註1《塵埃落定》阿來／著（人民文學）。一部馬爾康地區末代土司之子眼中的家族盛衰記，角色以其生長的川西北藏羌地區爲舞台，著力演出一個更爲廣義的人的故事，或如作者所言，他是「用小說去懷念那生與死、鐵與血的大的浪漫」。

李潼的望天丘

我只覺得羨慕，
能在這麼廣大遼闊的磁場與萬物交談，
無須言語，只有意念和氣的交換。

文—周惠玲　　圖片提供—祝健太

「我的老家就埋在這底下。」李潼說。

我們一群人站在一座光禿禿的土丘上，半信半疑聽著，順著他的手指，看向眼前像只大碟子的微弧凹地。

正中午的陽光，在灰褐的礫土地上反射出一束束銀亮的微細光塵，讓這個據說叫做「望天丘」的地方顯得有些迷離有點假，他的話也是。我心想難道是我聽漏了什麼，他其實不是在介紹景點，而在說故事吧？請一個小說家來導遊就是有這個缺點，人家有本事把一件平淡的事講得活靈活現，我卻卑劣地懷疑起真假。

熱愛噶瑪蘭的小說家

那是1994年的夏天，我和兒童文學學會的人去宜蘭旅行。作為在地作家的李潼特別帶我們去參觀當時還沒正式開放的羅東運動公園。園區剛整好地，各景點大致區劃成形，稀疏矮樹才種上去，炎熱的日頭照得人無處可躲，李潼的熱情也是。

他就像所有我認識的宜蘭人一樣，非常以家鄉為榮，而且電力充足，讓你只能點頭稱是。他用高大英挺的外型擺起明星主持人的架式，洪亮的嗓門則唱作俱佳地從噶瑪蘭的歷史講起，一路講到他的舊家被徵收，雖然無限遺憾，然而未來卻將變成美麗獨特的親水公園，而他的故居也像個傳奇般，永遠躺在望天丘底下……。在他生動的描繪下，眼前還很荒陋的不毛之地，瞬間蒙上奇幻的面紗，變成宜蘭，喔不，全台灣人的驕傲。

兩年後羅東運動公園正式開園，隨後數年間我又去了幾趟，看見它逐漸綠草如茵、荷花盛開，矮樹也攀高成蔭，證實了透過小說家的眼睛去看未來，的確有驚人的預言性。雖然我後來也知道，小說家的話不免虛實相映，例如李潼其實出生嘉義而非宜蘭，可那又有什麼關

係？他已經用他的作品，證明了他是宜蘭人。

李潼絕大多數的少年小說都以宜蘭為場景，包括發生在頭城的《頭城狂人》、在太平山的《太平山情事》、在礁溪二龍河的《少年龍船隊》……等。其中又以《少年噶瑪蘭》最廣為人知，甚至被拍成動畫。噶瑪蘭是宜蘭的舊地名，也是住在這裡的原住民族群。這本小說寫一位名叫潘新格的少年，原本很不能接受自己的噶瑪蘭血統，後來在偶然間穿越時空回到1800年，和加禮遠社的噶瑪蘭祖先交上朋友，才逐漸認同了自己的根源；他同時也見證了噶瑪蘭人在漢人入侵蘭陽平原後如何失去了自己的土地……。據清代方志記載，噶瑪蘭族於1830至1840年之間南遷，其中以加禮遠社為首的一支遷到現今南澳附近。或許受此考據的影響，李潼把《少年噶瑪蘭》的主要場景擺在南澳，以及漢人進入宜蘭的通道「草嶺古道」，書中藉由潘新格的眼光，相當抒情地對比了古今時空中的這兩個場域。

土地才是故事的主角

在李潼的小說中，總有強烈的鄉土情懷。他對土地的用情之深，讓我感覺其實場景才是他每本書的主角，至於故事情節、角色等，都只是用來彰顯場景的。而到了噶瑪蘭三部曲的第二部《望天丘》時，就不僅是情深而已。

這部小說以「望天丘」為名，熟悉李潼的人，一眼就可看見這個地點對於李潼的意義。故事以二十世紀最末一個夏天為時間點，地點則在羅東運動公園的望天丘：一艘飛碟緩緩降落，帶來了穿唐裝蓄髮辮的十七歲少年陳穎川，他自稱是清末的人，被飛碟帶走，在天上待了數日，如今回轉人間，卻已過了百多年……。在探索陳穎川身世的同時，也揭開了1870年宜蘭地區北管西皮與福祿兩派人馬械鬥的祕辛。李潼是在2000年寫下這個故事的，顯然有藉清末族群械鬥來呼籲族群融合的意味，但為什麼要把望天丘這個場景放進去？

作者透過書中主角說：「羅東運動公園的設計，本來就很奇特，特殊得很怪異，特別是這座望天丘。原來，他真正的用途是要讓幽浮降落；當初設計這座公園的那些人，一定和外星人脫不了關係。」

但，他的目的難道只為了帶出書中那個能用腹語傳音的「天罡星水晶人」？同年4月15日，宜蘭縣文化局邀請東海大學的許建昆教授和我去演講。前一天晚上李潼帶著我們夜遊運動公園。我們從象徵太極的溼生植物區，一路沿著「飛鳥飛石」走到「望天丘」，再走回「翡翠山坡」。途中李潼停在一株大樹下說，那是他的樹，每天他都會在這樹下吐納、練氣功。當時我只覺得羨慕，能在這麼廣大遼闊的磁場與萬物交談，無須言語，只有意念和氣的交換。尤其是站在望天丘上，海拔雖然不高，但因為周遭空曠，在星光下這種感覺更為強烈。

然而一年以後卻傳來李潼罹患癌症的消息，而後他在2004年的冬天走了，來不及完成「噶瑪蘭三部曲」的第三部《南澳公主》。

有時當我攤開《望天丘》，不免想起那晚的情景。書中的結尾這樣說：

「望天丘頂飄來一只幽浮……幽浮腹肚中心的圓筒形水銀光束緩緩收回，騎單輪孔明車的陳穎川，彷如有輕功的俠客隨光束漂浮來了。他仰頭挺身，踩空輪，不見慌張，更見優雅。」

你想，在望天丘上隨幽浮而去的，會不會其實是李潼呢？

本文作者為兒童文學工作者

2005

Amsterdam
阿姆斯特丹（高翊恭攝影）

夏天，
全球閱讀大連線

四大洲17個城市的閱讀場面

Net and Books 企劃

IRAN
KUWAIT
QATAR
UAE
ARABIA
YEMEN

PAKISTAN

INDIA

MYANMAR

KOREA

TAIWAN

HONG KONG

PHILIPPINES

MAU

Qinghai Yushu

青海玉樹（顏顥兔攝影）

AUSTRA

Aegean Sea
愛琴海小島（鄭朱弘毅攝影）

UA NEW GUINEA

Beijing 北京（沈帆攝影）

Shanghai
上海（何經泰攝影）

Hong kong
香港（有耳非文攝影）

Seoul
首爾（黃群攝影）

Johannesburg
約翰尼斯堡（愷蒂攝影）

London
倫敦（侯孟君攝影）

Jjakarta
雅加達（英格利攝影）

Tokyo
東京（哈日杏子攝影）

Dublin
都柏林（李金銓攝影）

Barcelona
巴塞隆納（高翊恭攝影）

Paris
巴黎（王皓穎攝影）

Taipei
台北（蔡志揚攝影）

New York
紐約（曾加蕪攝影）

Edinburgh
愛丁堡（江淑琳攝影）

Part 3

私密角落
Private Corner

對於愛書人而言，理想書房還應當是理想生活的同義語吧。

勾人春夢的書房

重構理想書房的一次嘗試

文—王強　攝影—陳政

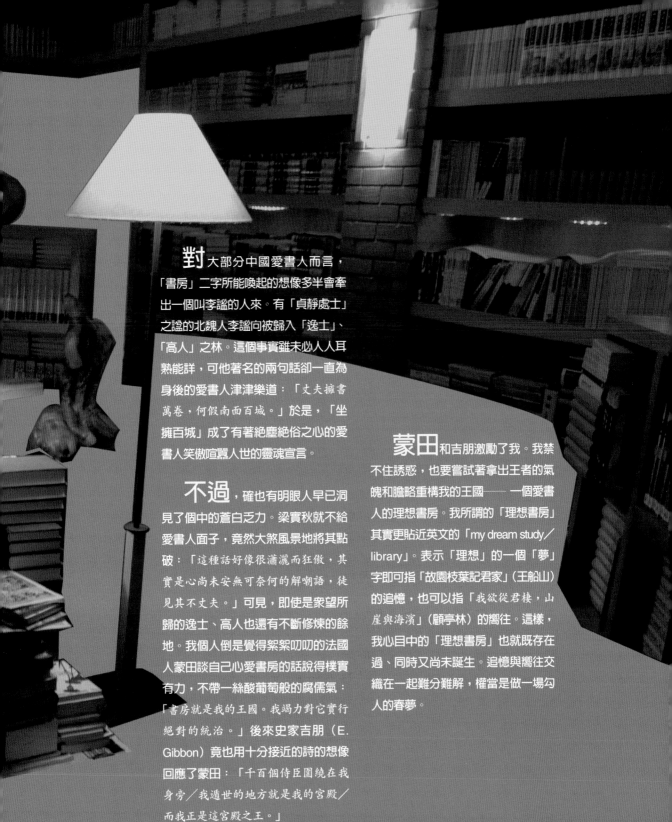

對大部分中國愛書人而言，「書房」二字所能喚起的想像多半會牽出一個叫李謐的人來。有「貞靜處士」之諡的北魏人李謐向被歸入「逸士」、「高人」之林。這個事實雖未必人人耳熟能詳，可他著名的兩句話卻一直為身後的愛書人津津樂道：「丈夫擁書萬卷，何假南面百城。」於是，「坐擁百城」成了有著絕塵絕俗之心的愛書人笑傲喧囂人世的靈魂宣言。

不過，確也有明眼人早已洞見了個中的蒼白乏力。梁實秋就不給愛書人面子，竟然大煞風景地將其點破：「這種話好像很瀟灑而狂傲，其實是心尚未安無可奈何的解嘲語，徒見其不丈夫。」可見，即使是眾望所歸的逸士、高人也還有不斷修煉的餘地。我個人倒是覺得絮絮叨叨的法國人蒙田談自己心愛書房的話說得樸實有力，不帶一絲酸葡萄般的腐儒氣：「書房就是我的王國。我竭力對它實行絕對的統治。」後來史家吉朋（E. Gibbon）竟也用十分接近的詩的想像回應了蒙田：「十百個侍臣圍繞在我身旁／我遁世的地方就是我的宮殿／而我正是這宮殿之王。」

蒙田和吉朋激勵了我。我禁不住誘惑，也要嘗試著拿出王者的氣魄和膽略重構我的王國——一個愛書人的理想書房。我所謂的「理想書房」其實更貼近英文的「my dream study／library」。表示「理想」的一個「夢」字即可指「故園枝葉記君家」（王船山）的追憶，也可以指「我欲從君棲，山崖與海濱」（顧亭林）的嚮往。這樣，我心目中的「理想書房」也就既存在過、同時又尚未誕生。追憶與嚮往交織在一起難分難解，權當是做一場勾人的春夢。

書房是愛書人畢其生收藏於斯，覽讀於斯，為文於斯，夢想於斯的地方。那麼，「理想書房」該不該有與之相匹配的名目？

生性務實的英、美人似乎不大在意如何稱呼自己的「書房」。因此，英文中說到「書房」，名目也就顯得貧乏，不外乎「某某某的」「bookroom」、「library」或「study」乾巴巴幾個實質性的詞，同古今中國愛書人對於名目的在意以至著迷相比，其間差距正不可以道理計。一旦遭遇我們的「齋」、「軒」、「廬」、「庵」、「居」、「閣」、「堂」、「屋」、「館」、「室」、「房」、「舍」、「園」、「樓」等，更如貧兒撞見王子，難得有抬起頭的時候。這還不提或如詩或如畫、或飄逸著溫馨書香或散發出清冽書氣、或令人心醉或引人遐思的修飾語的汪洋，像什麼「古柏齋」、「冷紅軒」、「字隱廬」、「瓜蒂庵」、「芥茉居」、「唐音閣」、「緣緣堂」、「平屋」、「脉望館」、「紙帳銅瓶室」、「少室山房」、「雅舍」、「隨園」、「天問樓」一展想像力無邊的瑰麗，不免叫人想起「青藤書屋」主人徐文長的詩句：「須知書户孕江山。」小小書房卻能包孕下浩大的江山。難怪我們的文人對待自己精神家園名目的態度不僅絲毫不含糊，簡直有些神聖得令人敬畏。

明人計成的《園冶》一書有「書房山」一節，中云：「凡掇小山，或依嘉樹卉木，聚散而理。或懸岩峻壁，各有別致。書房中最宜者，更以山石為池，俯於窗下，似得濠濮間想。」

從外部著眼，理想書房當然得有理想環境。所謂理想環境，書房的物理處所與書房主人的心靈訴求之間彼此須有近乎完美的呼應。

蒙田建在山丘上的塔樓第三層是他的書房，透過正面的窗子正好俯視前面的花園。這一環境毫不含糊地注解了西塞羅的幸福觀：擁有一個花園中的書房（a library in a garden）。明人張嶽的「小山讀書室」位於面向平蕪、背負列嶂的「小山」之上，於是，「仰觀於山，則雲蘿發興；俯視於野，則魚鳥會心。」這一環境享盡了夢境與現實的交錯。清人麟慶養屙於半畝園海棠吟社之南的「退思齋」。「自夏徂秋，每坐此讀名山志，以當臥遊：讀《山海經》以資博覽。八月夜，篝燈展卷，忽聞有聲自西南來，心為之動。起視中庭，涼月初弦，玉繩低欹，回顧童子，垂頭而睡，與歐陽子賦境宛合。佇立移時，夜色漸重，仍閉户挑燈再讀……」這一環境令古與今消弭了時空的阻隔，塵世的心靈得以恣意遨遊於仙境。

位於北京西城一條平常小巷中的八道灣十一號是周作人長期居住的地方。令多少讀書人心嚮往之的知堂書房「苦雨齋」就座落在這裡。「苦雨齋」其實貌不驚人，不過是典型而普通的中國舊式民居，據說是因院內排水不暢，每遇雨院內輒積水難去，故此得名。這樣的環境已經用不著非得推開書房的門去讀懂它的主人了。沒有令人豔羨的浪漫。歷史的記憶裡只瀰漫著苦澀的無奈和倔強的苦中尋樂的文人況味。

若說書房之外的環境折射著愛書人同外部世界的某種精神上的契合，那麼書房之內的陳設布局則如一幅寫意，著墨不多，卻筆筆鮮活地勾勒出書房主人的品格與品味。

蒙田的書房設計成圓形，只有一點平直的地方，剛好安放他的書桌和椅子。所有的書分五層排列在四周，圍了一圈，弧形的牆壁好似躬著腰把它們全部呈獻在他面前。這樣的陳設完全符合王國絕對統治者的氣勢。

文人多以瀟灑脫俗自命。書房的理想陳設要能不露聲色地體現這一點才好。清人李漁說得最透：「書房之壁，最宜瀟灑。欲其瀟灑，切忌油漆。油漆二物，俗物也。」最佳者四白落地，簡而潔；以棉紙糊壁雖等而下之也還會使屋柱窗櫺共為一色。和諧乃是關鍵。陳設多寡雖因人而異，但終以不繁為境界。明人桑悅的「獨坐軒」大如斗，只能容下一檯一椅，檯上僅可置經史數卷。然獨坐此書齋中，「塵坌不入，胸次日拓」。清人鄭日奎在中堂左側闢出一室為書齋，名之曰「醉書齋」：「明齋素壁，泊如也。設几二，一陳筆墨，一置香爐茗碗之屬。竹床一，坐以之；木榻一，臥以之。書架書筒各四，古今籍在焉。琴磬麈尾諸什物，亦雜置左右。」在這樣的書房裡，主人自可以忘情地宣洩自我，「或歌或歎，或笑或泣，或怒或罵，或悶欲絕，或大叫稱快，或咄咄詫異，或臥或思，起而狂坐。」清人張縉彥的「依水園」更是羨煞愛書人：「水中有畫舫，具茶鐺酒罏，載《漢書》、《唐律》數卷，春雪初融，臥聽撒網聲颯颯然。」這豈是《遵生八箋》中脂粉氣的書房布置可以相提並論的。

周作人素喜雅潔，讀書、作文、寫字井井有條、一絲不苟。溫源寧幾筆便將他寫活了：「他的書齋是他工作和會見賓客的地方，他整潔的書齋可以說一如其人。一切都適得其位，所有的地方一塵不染。牆壁和地板有一種日本式的雅致。桌椅和擺設都沒有一件多餘，卻有一種獨一無二的韻味。這裡一個靠墊，那裡一個靠墊，就平添了一份舒適的氣氛。」說的是「苦雨齋」也說的是「苦雨翁」。

西方文人中，靠近這一情調的，除卡萊爾（T. Carlyle）潔淨整齊的書房外，非蓋斯凱爾（E. Gaskell）夫人筆下夏洛特‧勃朗蒂的書房莫屬：房內的主色調是深紅色，正好以暖色來對抗屋外冷森森的景致。牆上只有兩幅畫，其中一幅是勞倫斯畫薩克雷的蝕刻。高而窄的舊式壁爐架兩側凹進去的地方擺滿了書籍。這些書籍沒一本是時下流行的所謂標準著作。每一本書都反映著房主人個性化的追求和品味。進入這樣的書房，除了牆面的顏色，即使是挑剔已極的李漁怕也要頷首稱許：「壁間留隙地，可以代櫥。此仿伏生藏書於壁之義，大有古風。」

當然盡信書房內的陳設有時也會落入判斷的陷阱。錢鍾書的書房據說藏書不多，可數的幾櫥與學富五車的他完全劃不上等號。英國著名自然作家赫德森（W. H. Hudson）筆下大自然光與影的生命是那樣流光溢彩，可走進他的書房是人都不免感到失落和惆悵：起居室兼書房面積雖大卻十分晦暗。房內擺的家具全是人家公寓裡丟棄不要的。除了安放他心愛書籍的一個玻璃櫥外，滿室見不到任何鮮亮的光與色，與美沾不上一點邊兒。他不是因貧困裝飾不起他的書房，實在是外面美麗的大自然全部占有了他。他真正的書房是在有光有色的大自然中。就像詩人華滋華斯的傭人有一次對慕名參觀他主人書房的訪客說：「這是主人放書的地方，而他是在田野中研讀的。」

藏書家

葉靈鳳寫過一篇〈書齋趣味〉述說他在枯寂的人生旅途中尋找精神安慰的體驗：「對於人間不能盡然忘懷的我，每當到無可奈何的時候，我便將自己深鎖在這間冷靜的書齋中，這間用自己的心血所築成的避難所，隨意抽下幾冊書攤在眼前，以遣排那些不能遣排的情緒……因為攤開了每一冊書，我不僅能忘去了我自己，而且更能獲得了我自己。」

書房是愛書人身與心最後的庇護所。在這裡，愛書人沉睡的靈魂，深刻的個性，人的種種特徵被一架架書籍所喚醒、所提升。沒有書架的書房難以想像。沒有書的書架更加難以想像。其實，書房真正的趣味歸根結柢全凝縮在那些個安放著各色各樣典籍的神祕書架。書架是愛書人全部欲望與滿足的隱祕棲息地。書架才是書房的靈魂。難怪書房不可輕易示人。「苦雨齋」主人深得個中奧祕：「因為這是危險的事，怕被看去了自己的心思。……一個人做文章，說好聽話，都並不難，只一看他所讀的書，至少便據出一點斤兩來了。」恰恰也是基於這一緣由，重構理想書房的要緊處便在於重構書架上攝人心魄的一道道書的風景。

《書架的故事》

（*The Book on the Bookshelf*）的著者，美國杜克大學土木工程學及歷史教授亨利・佩特羅斯基（Henry Petroski）一天晚上兀自坐在書房裡讀書。猛然間，他抬起頭來以一種從未有過的眼光審視著眼前的書架。結果，他驚異地發現，那些個實用的、製作簡單的書架背後竟隱藏著一個個「奇特、神祕、引人入勝的故事」。他第一次果敢地把遭人歧視以至蔑視的普普通通的書架從殘酷的歷史遺忘之中解救了出來。這是以愛書人的良知和科學家的敏銳共同完成的一次充滿文化趣味的發現：像書一樣，書架也正成為我們文明的組成部分。書架對安置其中的書籍而言，不僅是彩色布幕，也是舞台。既然如此，理想書房

裡一個個舞台上展露的風景愈是獨特，由這些風景構成的書房的趣味才愈顯淳厚。

歷史

小說家司各特（Walter Scott）的書架上除去大量的詩集就是魔法師和煉金術士的著作，剩下的全是軼聞趣事集。詩人格雷（Thomas Gray）的書架上擺放著他精心收藏的作品，收集之全令人難以置信：從小時候上學用過的課本，到最早的文學和繪畫的習作，再到他後來引以自豪的研究之作。散文大家哈茲里特（W. Hazlitt）對莎士比亞和盧梭爛熟於胸，但他的書架上除了亨特（Leigh Hunt）的書外，別的什麼都沒有。約翰・班揚（John Bunyan）的書架上只有一部《聖經》，其餘的全是他自己寫的待出售的作品。湯瑪斯・莫爾（Thomas More）藏書頗豐，但架上全被古希臘、拉丁作家占據了。伊斯拉謨多少有些嫉妒地說：除非去義大利為的是旅行的樂趣，否則莫爾完全可以足不出戶。

譯出《魯拜集》的費茲傑羅（E. Fitzgerald）更令人不可思議，他只把帶給他真正愉悅和樂趣的作家作品中那些讓他刻骨銘心的書頁撕扯下來，然後重新裝訂成冊，再次命名後才將它們放回到他孤傲的書架之上。他所傾心的卡萊爾的《過去與現在》（Past and Present）一經拆裝後，新書封面上的書名也就成了：《卡萊爾的僧侶》（Carlyle's Monk）。獨特到了令人難忘的地步。

還是再一次回到八道灣的「苦雨齋」吧。我在想像中走進「几淨窗明」、「清靜幽閒」的一明兩暗共三間藏書室正中明亮的那間屋子。除了一扇門，書房四周環列著一人多高的帶有玻璃門的書櫃。櫃中的書擺放齊整，分類清晰。有中文，有日文，有英文也有希臘文。裝幀講究，種類繁多，有線裝，也有洋裝。從野史筆記到鄉邦文獻，從動物生活到兩性關係，從原始文明到巫術宗教，從希臘神話到日本文學，從醫學史到道德變遷……藹理斯（H. Ellis）二十六冊著作仍然放射著犀利的思想光芒。英國勝家與日本富士川的醫學史仍然耐心等待著主人的光顧。由《金枝》（The Golden Bough）的作者、大名鼎鼎的弗雷澤（JG Frazer）翻譯的阿波羅多洛斯（Apollodorus）的《書庫》（Bibliothêkê）以其上乘的譯筆、詳賅的注解連同那部絕版難覓的《希臘鳥類辭典》仍然帶著主人常常翻讀時留下的體溫……，我不由得想，這些書櫥裡的書應當是我理想書房理想收藏的基礎，然後應當添加上錢鍾書「容安館」那僅存在於他厚厚幾大冊劄記中引用的西籍，還應當添加上從照片中見到的季羨林書房裡極搶眼的那部硬紙套裝一百函的日本印《大正新修大藏經》，還應當……

理想書房還應當是愛書人甘願埋藏自己靈魂的地方。如愛默生所說的那樣，理想書房本應當這樣構成：「從所有文明國度裡精挑細選出那些最具智慧、最富機趣的人來陪伴你，然後再以最佳的秩序將這些選擇好的伴侶一一排列起來。」對於愛書人而言，理想書房還應當是理想生活的同義語吧。（2005·7·1於北京）

本文作者為文化工作者

韓良露的密室與旋轉木馬

隨時拿起一本書，就可以進去一個和當下生活無關的世界。

韓良露有一座「半豪宅」的居處。
距離她生活的住處十幾分鐘的車程，
座落在台北城市的邊緣，
她另有一棟完全獨立的書房。
七百萬元購買，五十坪完全只給書居住的房子，
韓良露說，她不愛法拉利，不在意等值的珠寶、名牌，
這個完全屬於自己的書房，
是她所能感受到的，最爲華麗的奢侈，
也是她生命中一個可供退守的終極之地。
對她來說，書房是她的密室，隔絕了外在的現實，
可是這個密室並不封閉，
每一本書都像一個象徵的窗子象徵的門，
讓她可以走進外面的世界。
這個書房也是她的兒童樂園。
每次來到這個書房她都可以待上七、八小時，
就像捨不得離開士尼的小孩，
而分布在三個房間與客廳的書，
則是她爲自己架構的旋轉木馬。

採訪整理—徐淑卿、藍嘉俊　　攝影—蔡志揚

書房對我來說是讀書的空間，有些人的書房是藏書的地方，它可能藏很多善本書，但對我來說書房的意義是逃脫現實，它不是書的祠堂或神主牌。

書房的時光是很特別的。只要坐或躺在一個地方，就意味著，你隨時拿起一本書，就可以進去一個和當下生活無關的世界。書房對我的最大定義真的就是兒童樂園，比如說早上十點鐘進來，我就會混到晚上八、九點回去，在這當中躺在這邊看小說，窩在裡頭看書，一天可以同時看五、六十本，可以從洗澡的看到左派理論看到小說。但是我不能在這個樂園工作，否則可能在這裡看了十幾本書，而稿子沒寫出來，真正趕稿時，咖啡館是最可靠的地方。書房就是一個跟書玩的地方。

所有的書對我來講都是閒書，都是一種知識花園，我喜歡知識花園裡的奇花異草，所以我的書種類很奇怪，但不會特別需要很珍貴的書。我的興趣不會在書本本身，而是在書所代表要去到的那個空間，書是一個旅程，書不是一個目的地。

我的書房反映我的特質，那個特質就是雜學。我閱讀有雜食性動物的習慣，有的人只吃草，有的人只吃肉，我是奇花異草、昆蟲什麼都吃。我覺得雜食性的閱讀最符合我把書本當作人生的樂趣，因為任何非雜食性的閱讀，都不足以代表我們跟這個豐富世界的關連。

我的書房每個房間都有書桌，每個書桌都可以寫東西或者做其他事情。而且我喜歡這個屋子裡，每個房間都是一個書房，關鍵是我還是很隨性的要創造一個小孩子擁有的奢侈感，你看我有這麼多書桌，有那麼多書房，整個屋子的空間就是很浪漫的，它反映我一個浪漫的狀態。當我要做浪漫行為時，不會買車子，不會買珠寶，我要買一個房子，我要把房子完全變成一個書房——我有一個大書房，還有很多小書房，還有很多小書桌，還有很多小書架。我在這裡有十幾個書架，但不全放在一個房間裡，我喜歡每個書房中都有書架，因為書、書架、書桌是這個房子裡的主角，所以我不想讓這些書藏起來、躲起來。這個屋子是書住的地方，而我只是一個旅客。在這個空間裡，你可以發現書在這裡過得還不錯。

冬天最喜歡的地方

　　這是我常常讀書的角落，尤其是冬天的時候，我最喜歡在這裡讀書，開著燈，蓋著棉被躺在躺椅上。這是屋子裡唯一沒有冷氣只有暖氣的地方。關於飲食、城市、推理小說的書都放在這裡。

　　冬天我會把房間的門關起來，把窗簾拉上，好像在遊樂場般的大密室裡又有一個小密室。這裡最有被書環繞的那種感覺，我滿喜歡這樣的一種感覺，而且書的空間一直有個意義，就是逃離現實，這是一個可以作夢、隱遁的空間。書可以擺脫所有人會在乎的單一現實，書意味著它是來自千奇百怪的地方的一個連結。書本身是一個有時間的旅程，它可以跳去希臘、跳去埃及，可以跳到虛擬空間，它可以是關於全世界，或者是關於外太空。不管時間或空間，書本一直是人站在某一個點，那個點是隨時可以有幻身的，它隨時可在時間、空間中移動，所以書對我而言是最不現實，最可以對抗現實的東西。

占星學與神祕學的房間

這是唯一有電腦，整理得比較乾淨的房間。這個書房擺的是占星和神祕學的書，兩者都是我特別有興趣的領域，尤其占星是我最認真研讀的，我在這個領域就像一個民間學者，所以在這裡有點像做研究，放著很多星圖還有檔案。這是我唯一看起來比較理性的地方，不像他處那麼混亂。

牆邊這些旅行箱是書的過渡，我一天到晚像書的搬運工一樣每天把書帶來帶去。

通常買完書我會先帶回家裡，然後像螞蟻一樣，用行李箱把書移過來，然後這裡又會有些書搬回家，所以我常常坐計程車把書移來移去。

各地跟飲食有關的書

書房重要的不是有多少書，也不是這些書多珍貴，而是這些書彼此之間的關連是怎樣的，以及這個知識的遊樂場，是怎麼架構起來的。

我對食物有興趣，也對猶太文化有興趣，所以我到波蘭旅行，就會買波蘭猶太人的食譜。我有古老的猶太的食譜，新的猶太的食譜，也對猶太占星學、猶太理論有興趣，最後再把所有的東西組合起來。也就是說你可以在你自己的兒童樂園裡，設計你自己的旋轉木馬，對我而言，這些猶太食譜就是我的旋轉木馬，而且是我自己設計出來的。

很多東西都是我在世界各國旅行時搬回來的。就以佛羅倫斯的食譜來說，我就有麥地奇家族的老菜食譜，還有電影《窗外有藍天》所代表的新菜食譜。對我來講，這些書建構了一個食物書的想像世界，每次拿起任何一本書，就像跳進古代猶太人的日常生活，跳進佛羅倫斯的生活，你可以看到中世紀時食物多麼平凡，到了文藝復興時食物又是多麼豐富。

這些雜書、閒書建構你喜歡的世界。這個世界本身是讀萬卷書和行萬里路的旅行，它是沒有疆界的。書對我來講最大的意義是歡愉的功能，是非現實的，可以跟著你的好奇走。我在書房拿起每本書，都是在回憶我的某一個生命經驗，比如說我在加勒比海的時候，在加州的時候，在愛爾蘭的時候，所以最重要的概念：書是旅程的開始，不是旅程的目的。

所有的書最後終將相遇

　　書房的遊樂場是一個腦子的遊樂場，就像人的腦子有左腦、右腦，它有各種不同的類型，所以我有食譜書，但也會對女性主義經典、左派危機、小說有興趣。我覺得最有意思的是，每個人進到我的書房仔細看每一本書，就會發現這是很有意思的一個腦子。

　　有個關鍵我稱之為「跳躍性閱讀」。有些書彼此是不相干的，但最後永遠是殊途同歸。所有的閱讀和閱讀之間會產生一個關連，譬如說我常常在一本書裡讀到很細的東西，隔了幾百本書之後，又在另一本書讀到跟那個很細東西的關連。你會在不同書本中旅行，就像你在旅行中遇到一些人士，然後隔著幾十本幾百本書，又在某一本書中，遇到跟原來那些人士有關連的人士。通過越廣泛的閱讀，之間產生的關聯會更有趣。對我來說，所有的書本最後終將相遇，書本和書本之間，會有相遇的方式和相認的樂趣。

手工打造的空間

　　書房沒有特別設計，但大部分是木頭家具，因為覺得書跟木頭家具比較配，而且這是一個密室的感覺。這裡的燈都是比較古典的，包括外面的玻璃燈，這些家具多是手工的，因為我覺得書是手工藝品。這屋子有個特色就是桌子椅子非常多。真正讀書人會知道，書房如果只有一兩張椅子，不可能混這麼久的。這些椅子不是裝飾性的，而是讓你在書房更好玩的東西，讓一個人可以七、八個小時待在這裡，在不同的地方坐下來。

　　這裡所有的東西都為讀書而存在。我家裡的沙發是客人坐的，這裡的沙發就是為了閱讀。很多家具是從英國搬回來的，都是暗色調，因為我喜歡書房是很沉重很暗的，像密室一樣，很多東西很古老，在心境上就是一個比較安穩的地方。

　　這個書房對我來說是一個家，一種心靈的家。這裡頭好像有很多家居功能，可是其實它又不是日常生活的功能，而是書房的家居功能。我不會在書房請客，可是我會在書房過日子。

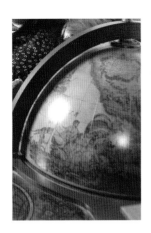

地球儀與書房旅行家

這裡每個房間都有地球儀。書房對我的意義就像地球,所以我在這裡真的有書房旅行家的感覺。通常我行萬里路,都是在驗證我讀萬卷書,讀萬卷書都是回憶行萬里路,對我來講地球的旅行和書房旅行是緊密相關的,我所有旅行都是驗證我在書本當中看到的世界。

讀萬卷書和行萬里路,是我一直很自覺追求的兩件事情。我寫作、演講,其實都只是反映我讀萬卷書行萬里路之後的「後遺症」,但這不是我的主要目標,我主要目標就是喜歡讀萬卷書、行萬里路。這是人生旅行中,最能引起我內在強烈情感的兩件事情,我整個生活的基調就是這兩件事,也在這兩件事上得到最大的歡愉。

玫瑰花苞

如果有一天我不住在台灣,這是我一定會留下來的房子,當我從世界各地流浪回來,這個書房隨時等著我,這是一個最像家的地方,比我現在的家還像一個家。

我的興趣非常廣,所以我真實的生活有時候有點複雜,這個書房代表我整個性格以及人生裡頭,最單純的一面。它是一個象徵,其實我是沒有能力過單純生活的人,因為我的興趣太廣,慾望也很多,很多東西我不能捨棄,可是只要來到了這個書房,就回到我最赤子之心的那一面,那就是,我只要有書就滿足了。所以書房對我來說就是回歸生命當中最原始最簡單最歡愉的樂園。就像電影《大國民》裡的「玫瑰花苞」一樣,書房永遠提醒我,其實我就算捨棄很多東西也不用害怕不用擔心,我只要回到這裡就夠了。 ∎

家的美好閱讀角落

文‧圖—徐明松

我們何其慶幸，知識不再禁制，可以選擇一處由自由意志完成的住屋，裡面有各種空間，可以決定任何形式的私密閱讀。

書房中有檜木大桌，配上黃色書架，電腦螢幕罩上了美麗的頭巾。

人們總是夢想著家裡有個像樣
的、全然屬於自己的閱讀空間，可
以躲在任何角落享受各種不同的私
密閱讀。兩年前我們有了親手設計
的機會。首先當然得感受基地周圍

環境的四季變化，溫度、濕度、風向、冬夏陽光的偏移、視線的開闊……，其次思索如何營造正確的空間氛圍：裡面不可少的是書房與偌大成排如牆的書架，最後還得有乾濕分離且有綠意、有大窗的浴室。

進入閱讀空間之前，必須先談談整個房子的色調與質感，因為每個閱讀空間應該有不同的搭配。為了家裡的色調我們掙扎許久，當然襯底色是傳統常用的白，平光純白，大部分無關緊要的牆、天花皆以此為之。雖說是無關緊要，有時又像白布，吸納著戶外的光線與陰影。

再來則是表現的部分，格子狀書架施以墨西哥建築師路易士·巴拉岡（Luis Barragan）喜愛的聖方濟黃；所有的窗框、陽台欄杆則烤上有別於戶外鳳凰樹綠的微微帶藍的灰，室內地板以30×60公分、灰黑、有著豐富紋理的頁岩作為覆材；室外陽台則運用南方松木地板的設計，以產生視覺的延展性；浴室則以西班牙進口、象牙白的馬賽克磁磚包覆四周，馬桶、洗臉台、百葉窗也用些微的色差各自呈現自身獨特的白；再搭上配以溫潤檜木為質材的移動式書桌、長條坐椅、茶几；最後則是廚房流理台牆面的墨西哥紫，有點野，外面最好有點蔓生的爬藤。談到窗，可是建築語言的關鍵性元素，因為它決定了裡面的人造世界與外面大自然的關係。我們動用了自己所有的人體工學與美學知識，再加上不厭其煩的現場模擬實驗，站著、坐在椅子、沙發或馬桶上往外看，才決定窗的開法（固定、外推、推射與推拉）。

書房與書架

書房當然是看書的地方，不過有電腦的今天實在殺風景，幾個冷冰冰的設備往溫潤的台檜書桌一擺，氣氛頓時消失，但能沒有它嗎？答案是否定的，因為對我們這些瑣事煩身的人來說，網路是我們絕對的依賴。不過我還是決定把書桌做大，大到桌子除了臨牆的一邊外，其餘三邊都可以使用，必要時滑動座椅，再將電腦罩上美麗的頭巾，便可以重溫前科技時代美麗的鄉愁。

書桌旁必不可少的就是書架，假設客廳相對於書房、臥房是較公共性空間的話，這一長排格子狀、有著聖方濟黃的雙面書架則是隔開私密與公共的巨大量體。施作期間，還因選錯了木皮，整個拆掉重來──沉靜、簡單的韻律還是較為符合自己的美學格調。每當缺少靈感時，我會習慣性地在那藏著過去記憶的舊書中來回翻閱，尋找可能重拾的靈感。還有就是書架前、落地窗邊一定要有隨時可以坐下來的檜木長椅，上面擺著一盆粉紅色的

海芋，當陽光透過窗簾灑在書架、海芋與長椅上時，你會發現巴舍拉在《空間詩學》裡提到的「迴盪」。又當颱風在外肆虐時，透過大片落地窗，我們更容易感受到波特萊爾的寒冬私密，或是巴舍拉對雪的描述：「雪，它虛無化了外在世界，太輕易就把外在世界變得一無所有，整個天地變成一種色調……」只是颱風取代了雪。

而平常兩個空間都可以分享彼此的寬敞。讓人記憶深刻的還有由天窗流瀉至馬桶的光線。

於是我先將狹小的浴室（原來只有一扇高而小的窗）擴大、推向另一堵牆，再開扇窗，一來解決了通風與綠意大窗的問題，再者是在浴室與臥房間做一扇推拉的木窗，四周圍包覆上舊木料重刨的台檜，於是我們在馬桶邊就有一個室內的美麗的檜木窗台，書、飾品皆可安置於此。當然這浴室的第三扇窗，更加強了通風的效果。浴室還有一堵聖方濟黃的牆，有點特別，因為一般台灣粗粉過後的磚牆，做完防水後會再做細粉粉刷，而我卻保留較為粗獷的粗粉質感，做了仔細的防水就上漆，效果出奇的好。如此一來，浴室與臥房變成流動、視覺通行無阻的兩個空間，較容易營造空間的深度與變化。每當蹲坐在馬桶，或躺在床上、浴缸看書，總能得到真正的休息。浴缸是一種文化極高的進程，尤其當升斗小民都可以泡在澡盆裡潔淨自己的身體，自然象徵一種市民文化的興起。浴缸安置最高的指導原則，就是與戶外大自然的關係及一片夠深的台面。如果私密性夠，開大窗納視景，絕對是看書或沉思的極端享受，最後在台面上插上一束花，那份美自然無法形容，尤其晚上當月光從百葉窗揮灑而下，一切盡在不言中。

浴室與浴缸

在國外念書時，租的房子裡也有個不算小的浴室，房東是位女畫家，頗有品味，也是愛書人，所以在馬桶旁有個書架，可以擺上三、四十本書，可惜一樓房子私密性差，無法開大窗，因此得用燈泡看書，久了眼睛會累。當我開始想像我未來的浴室時，自然得克服前述缺點。除此之外，還有就是通風採光的問題。參觀過建築大師柯比意薩沃伊別墅（Villa Savoye）的人一定不會忘記主臥室裡開放的浴室，一個馬賽克拼貼的按摩椅，加上簡單的浴簾將臥房與浴室區隔開，然

馬桶邊有一個美麗的檜木窗台，書、飾品皆可安置於此。

角落與柯比意躺椅

角落就像巴舍拉所述：「家屋裡每個角落，房間裡每個牆角，我們喜愛藏匿與蜷縮其中的孤立空間裡的每一吋，對意象之想像而言是一種孤寂，也就是說，這是一戶家屋或一間房間的萌芽之處。」隱私的角落是家屋完整意象的泉源，因此家裡一定要有些除客廳、書房、浴室之類以外的非正式空間，最好它沒有名稱，就是不招惹人注意的一角之私。光線要充分，不會被聽到或看到，戶外有足夠的綠意配上暫時的孤寂。最後再來一張隨時可以調整角度的柯比意躺椅，或看書或躺或臥任君選擇，柯比意躺椅的好處就是你無法待太久，因為椅面是固定的人體工學，一個小時得起來走走或勞動勞動，有益身心。

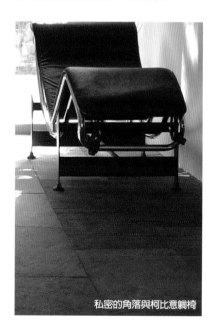

私密的角落與柯比意躺椅

簡單、素樸的床是外面煩躁生活的補償，白色、木質顏色都是最佳選擇。床頭板有個二十公分的厚度，上面就可以放很多東西。

床與床頭板

再累，上床總是得翻看雜誌或書本，因此床邊總得有些地方安置書籍或擺杯水，我當然沒有建築師王大閎先生那麼禁欲，就像我在一篇討論他的文章所說：「床為甚麼不靠牆，且沒有床頭板，王先生說，床不靠牆可以避免螞蟻之類的昆蟲上床，況且上了床就睡覺，自然也不需床頭板……」床頭板我也不喜歡，不過將它置入功能，譬如說有個二十公分的厚度，上面就可以放很多東西，再者是放條圓柱狀、橫跨整張床的靠墊，可以協助枕頭與腦袋調整舒適的位置來輕鬆閱讀，別忘了這是睡前最後的姿勢，事關重大。

戶外陽台

為了讓陽台空間感覺大點,使用具延伸性的南方松木地板,且將南方松刻意凸出欄杆50公分,以產生視覺的延展,這是對台灣過分制式陽台深度的亡羊補牢。在這樣的設計裡再擺上一盆垂擺盛葉的甜菊,一張導演椅及可移動的檜木小長椅,再就著一杯茶、一棵鳳凰木讀一本喜愛的書,這陽台就不只是晒衣服、堆東西的置物陽台,而是可以跟著使用者一起呼吸的空間,它讓房子的空間不再局限,能激發無限的想像。

艾可(Umberto Eco)在《玫瑰的名字》裡演繹著知識禁制的故事,僧侶放棄除知識以外的任何欲望,在遺世獨立、自給自足的修道院裡謄抄手稿、啃食經書。在歐洲那個混亂的中世紀時代裡,修道院成為護衛知識、人類心靈的最後一道防護線。而我們何其慶幸,知識不再禁制,可以選擇一處由自由意志完成的住屋,裡面可以決定任何形式的私密閱讀。白天,在都市叢林裡我們享受多樣性的速度節奏;夜晚,我們必須回到有點與世隔絕、鄉野的地方,沉澱、洗淨白天的一切,然後等待隔天的再出航。最後我再引用巴舍拉的話作為結尾:「家屋庇護著日夢,家屋保護著作夢者,家屋允許我們安詳入夢」,而家的各種私密閱讀就成為可以讓人暫時獲得救贖的「幽微暗影」(nuances)。

本文作者為銘傳大學建築系講師

陽台代表生活的延伸,也是與戶外自然接觸的媒介,但台灣氣候變化莫測,不宜放過重或固定性的家具。

風格配備，閱讀好自在

文—林家瑋

靈感便條紙

閱讀，需要捕捉腦海中的浮光掠影，讓Mr. P便條紙幫助你。透過Mr. P的巧妙安排，這下子便條紙終於為筆找到了一個最適合安放它的地方，焦孟永不分離。兩年前，Propaganda這個泰國設計團隊，在以幽默的諧擬手法贏得無數家飾設計獎項之後，成熟發展出Mr. P這個獨立的系列。其形象是一種無辜中帶點逆來順受的憂鬱氣質，於是乎取笑它身體的小小變態的快感，像是一個可以持續開下去的小玩笑，是無傷大雅的。

聰明書籤

來猜猜這個不銹鋼材質的小夾子，可以同時做幾種用途？答案是書籤、夾鈔票、備忘錄夾，或餐桌上的貴賓名片夾等等，是個非常聰明的小設計，由丹麥新秀設計師Eva Abinger所構思創作。取名它為「IC」，除了是羅馬數字99的弦外之音之外，意為「Intellectual Capital」，企圖藉由這個不起眼的小產品，讓使用者在看待熟悉的事物時能有全新的角度與視野。生活小物的智慧，其實也可以很偉大。

圖片提供：北歐櫥窗

圖片提供：Mr.p

熱鬧文具組

書桌上就是要有各式各樣好用好看的文具，才會顯得熱鬧有生氣，創造出一種歡愉的閱讀環境。這一系列以ABS塑料材質製成的文具組，是來自法國X-O Design品牌的設計，這個品牌以家具設計為主，鬼才設計大師Philippe Starck是其主要領軍者。

圖片提供：X-O Design

幽默之燈

Mr. P再度出擊，這次還是照例拿它的第三點開玩笑，看它雙手叉腰一副不以為忤的樣子，你也應該坦然接受燈擎的巧妙設計，實在沒有比這更好的安放位置了。這款燈還附有可以挪卸的白陶燈罩，可視情況幫Mr. P整顆發光的頭遮掩一下光芒，讓室內光線更柔和。不過拿來作為閱讀光源瓦數好像還不夠力，當作一位姿態挺拔有精神的讀伴可能更適合點。

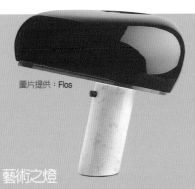

圖片提供：Flos

藝術之燈

義大利Flos燈具一向出名，這款Snoopy桌燈，是義大利設計大師Achille Castiglioni於六○年代末期的作品，它的得名全是因為長得像一隻獵犬的鼻子；也像一把有大理石把手的精緻斧頭，總之就是不像一盞燈。因為底座重，燈身奇妙地得以平衡，也讓光源略微傾斜向外發散。經過了四十年歲月流轉，它其實變得更像一件書桌上的藝術品。

熱情之燈

這情境玩笑開得有點令人膽顫心驚，就是你書讀到連燈泡都融化了，還讀得下去嘛你！泰國設計品牌Propaganda的設計，除了有引人會心一笑的概念之外，設計品質總是能維持令人安心的高水準，在異材質的結合上，也表現得相當好，這款將要融化的燈，就是個很好的證明。

圖片提供：Propaganda

圖片提供：Mr. p

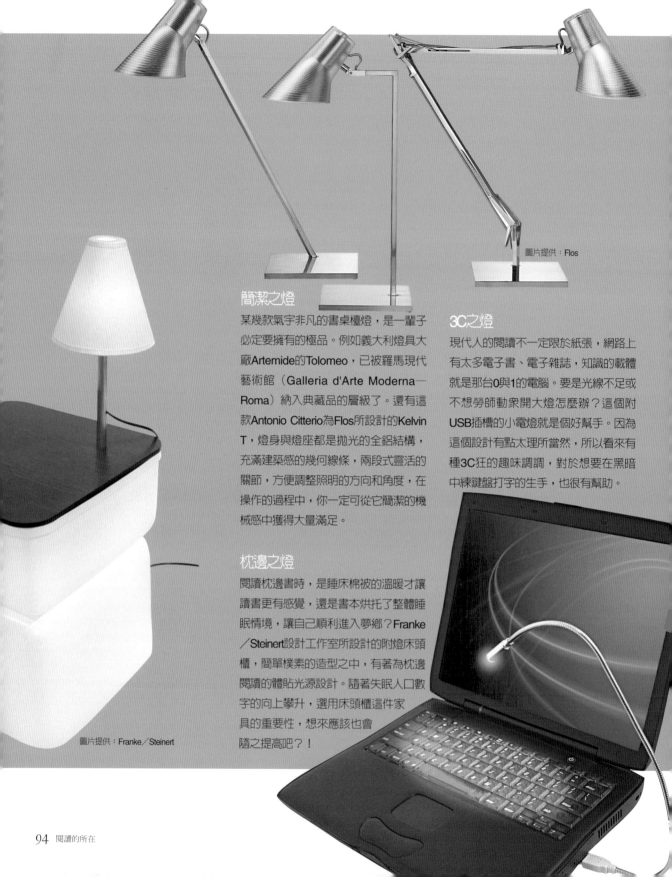

圖片提供：Flos

簡潔之燈

某幾款氣宇非凡的書桌檯燈，是一輩子必定要擁有的極品。例如義大利燈具大廠Artemide的Tolomeo，已被羅馬現代藝術館（Galleria d'Arte Moderna─Roma）納入典藏品的層級了。還有這款Antonio Citterio為Flos所設計的Kelvin T，燈身與燈座都是拋光的全鋁結構，充滿建築感的幾何線條，兩段式靈活的關節，方便調整照明的方向和角度，在操作的過程中，你一定可從它簡潔的機械感中獲得大量滿足。

3C之燈

現代人的閱讀不一定限於紙張，網路上有太多電子書、電子雜誌，知識的載體就是那台0與1的電腦。要是光線不足或不想勞師動眾開大燈怎麼辦？這個附USB插槽的小電燈就是個好幫手。因為這個設計有點太理所當然，所以看來有種3C狂的趣味味調調，對於想要在黑暗中練鍵盤打字的生手，也很有幫助。

枕邊之燈

閱讀枕邊書時，是睡床棉被的溫暖才讓讀書更有感覺，還是書本烘托了整體睡眠情境，讓自己順利進入夢鄉？Franke／Steinert設計工作室所設計的附燈床頭櫃，簡單樸素的造型之中，有著為枕邊閱讀的體貼光源設計。隨著失眠人口數字的向上攀升，選用床頭櫃這件家具的重要性，想來應該也會隨之提高吧？！

圖片提供：Franke／Steinert

王者之椅

看似帶著王者風範的古典樣式主人椅，寬幅的靠背、舒適的扶手，在頭靠處還有精緻的雕刻紋理可細細把玩，展現一番閱讀者的氣勢，很適合搭配大部頭的歷史經典書籍。其實這把單椅是荷蘭前衛品牌Moooi的仿擬新古典主義的作品，其特點在於木材質的部分經過火燒，再利用環氧樹脂這個特殊材質作表面處理，保留下那種燃燒木柴後的色澤，創造出一種經過失火意外的微妙氛圍，不知坐在上面沉思愛與死的問題，是否更為深刻？

全天候之椅

正襟危坐的閱讀，你會需要一張舒適的辦公椅與你相伴。義大利家具大牌Cappellini的這兩款名為24-7的單椅，顧名思義就是要創造出一把一天24小時、一星期7天都可以派上用場的好椅子。設計師Christophe Pillet對符合人體工學的彎曲角度特別敏感，幾款他所設計的椅面，都有類似的曲線，以貼合身體的線條，所以他的設計雖然看來質量輕，卻很舒適。24-7可分段調整高度，加裝頭靠或輪子與否端視各人個別需求。

活絡腦細胞胞墊

最理性的作為，需要有最感性的思考作為後盾。雖然閱讀看上去只有上半身手和腦在活動，但是人體是一個循環，照顧好你的下半身，五感都愉快舒服，也才能活絡腦細胞吸收知識，代謝疲勞。義大利品牌Gandia Blasco用百分百純棉材質照顧你的腳丫子，讓身心有個溫暖的停靠站，時間一拉長，感覺累了嗎？就材料就地排一排，玩個跳格子遊戲吧。

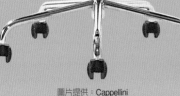

圖片提供：Cappellini

圖片提供：Moooi

圖片提供：Gandia Blasco

創意書架

有一種閱讀應該跟撕裂的快感有關，那就是流行雜誌、和設計型文宣的閱讀經驗。將那些純粹視覺刺激感、創意導向的文章或傳單，爽朗地展示出來吧。丟開那不入流的白板或軟木墊吧，家具設計品牌Moooi為你籌畫的解決之道，是祭出一面橡木材質的陳列牆，200多公分比人高的身高、寬幅也有約100公分，騰出的空間絕對夠讓你在腦海中進行創意理念的比稿大賽。

風景書架

幫你的愛書們，打造一個活色生香的家，這大概就是義大利品牌Sawaya & Moroni要為你做的了。如果你是視覺系書籍的愛好者，一定就更能欣賞這座名叫Anna Morph的書架。它最特別的地方，就在於不會因為擺放了書籍而遮住原有的圖騰，45度側看仍是一幅美好的風景。這是來自法國設計師Matt Sindall的堅持，除了具有實際的收納功能，猶維持裝飾性十足的立體牆面身段。

詩意書架

這款充滿東方浪漫美的書櫃，來自義大利新銳品牌Horm，是其靈魂人物之一日本建築師伊東豐雄（Toyo Ito）的設計作品。六層層板由強化磨砂玻璃材質組成，撐起書櫃的，竟是深淺兩色不同木材交互嵌合的木棍，這六十條木棍，每一條的彎曲角度都略有不同，因而產生了一種詩意的平衡感。Horm的品牌一向強調原木材質的美好，幾款極致的工匠之作皆不量產，每一件都是設計師簽名之作，若以書冊來比擬的話，應該就是每件刻印流水編號、限量出版的珍稀版藏書了吧。

輕盈書架

讓新近閱讀的雜誌書籍有個順手暫時擱置的地方，不需要大老遠跑到書架翻箱倒櫃，Zanotta設計的Ambrogio三夾板書報架，就是個很方便的解決方法。兩支霧面處理不銹鋼腳架，簡潔的線條、質量輕盈，幾乎與家中任何風格的擺設都能搭配相融。

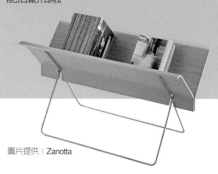

伴讀喇叭

隨身的 iPod 進了家門，想要為家中的閱讀氣氛盡點心力，該如何克服喇叭揚聲的問題？美國大廠JBL聽到了這個需求，特別推出 iPod 專屬喇叭，同樣雅致的白色機身、飛碟的環狀造型，雖然只有四個小小喇叭，卻有立體聲環繞效果，非 iPod 族類者亦可使用、無損質感，是數位時代聆聽伴讀音樂的好伴侶。

隔絕小屋

給你一處有如避難小屋的獨立空間，可以遠離外界一切煩擾，環境卻非常舒適、人性化，聽來是不是一項非常美妙的計畫？Zanotta的設計師Roberto Menghi，在六〇年代就如此建造了一個名為Guscio的理想小屋，麻雀雖小五臟俱全，可以容納二至四人，並且還可複製拼湊在一起，分別構成客廳、臥房、浴室等空間。聽來有點像蒙古包的概念，或者你也可以在家裡以搭帳棚的方式完成同樣的規畫，如果你想無所不用其極地打造個人專屬的理想閱讀空間，這大概就是極致了。

城堡書包

每一個書包，都是一座移動的知識城堡。有了它們裝進了前人的智慧，我們就可以替自己建築出一道道安全的堡壘，在裡面，逐漸被知識餵養長大。叫做書包的就一定得是耐磨耐髒的粗勇款，這是高雄書包大王流傳下來的定律。這款來自芬蘭品牌Marimekko的小書包，100%純棉帆布製成，保證不變形不掉色。全部以拉鏈封口，外側中線設計以磁扣收口，還有安全布環加倍防護。把你讀書的傢伙和對未知的渴求都一股腦裝進去吧。

上癮煙灰缸

閱讀與煙，這兩種的東西皆會讓你不知不覺染上癮，像巫毒的咒語、入侵腦細胞的迷魂陣，久久纏繞不去。義大利品牌Sawaya & Moroni所設計的煙灰缸，乾脆將這個意象具體地視覺化，煙管就好比穿心的毒針，把你和你的壞習慣釘得更緊更牢，用了這樣的煙灰缸，在抽下一根讀書煙時，你會思量更多嗎？■

本為作者為文字工作者

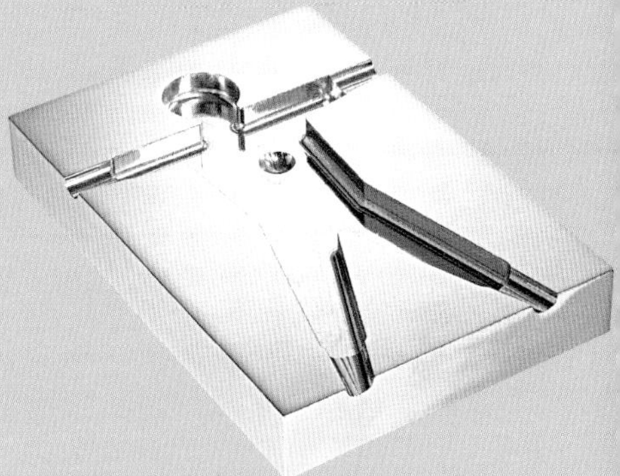

圖片提供：Sawaya & Moroni

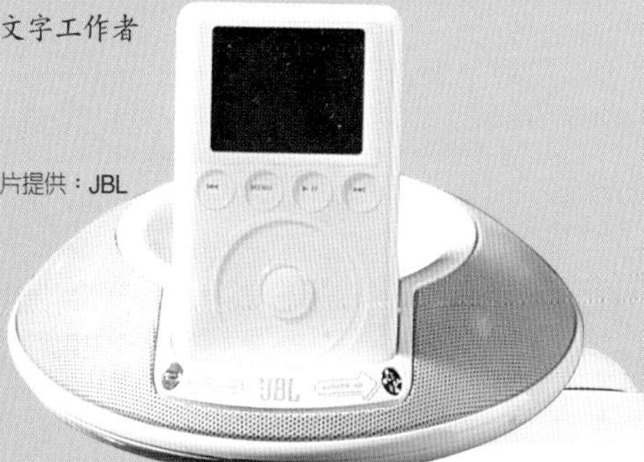

圖片提供：JBL

圖片提供：Zanotta

圖片提供：北歐櫥窗

閱讀的人體美學

以中國十八羅漢的坐姿，和《雅典學園》內的尊聖哲做比較，似乎也有某些雷同，即以肢體、穴位作為他們的閱讀姿態。

文—程文宗

　　閱讀與書寫是人類資訊溝通之跨時空的傳送，而此種狀態則讓人對肢體與空間氛圍（ambience）有更多的思考，它也延伸出行、坐、臥與閱讀姿態的種種互動。事實上，在藝術史的古典繪畫中，畫家忠實地記錄了當時人們在公共領域與私密領域中的種種生活樣貌，為後人提供了許多印證及參考。

古典繪畫中的祕密

　　我們先從幾幅在藝術史上很重要的畫作，來追溯閱讀空間的幾種可能性：即公共空間的閱讀、開放空間的私密性及私密閱讀的個性化。在公共領域的閱讀，可以文藝復興三傑之一——拉斐爾（Raffaello Sanzio）繪製的《雅典學園》（La Scuola di Atene）（圖1）為例，畫作中央是亞里斯多德和柏拉圖在對

話，兩旁的希臘、羅馬聖哲，則分別以站立、側躺、蹲跪等姿勢閱讀、聆聽與書寫。此畫點出了公共空間中最常出現的一種閱讀與書寫姿態，也是後來諸多建築師在規劃公共空間時的思考範本，在台北、高雄的誠品書店皆有此種動線的運用。

　　其次是矯飾主義（Mannerism）時期，安東內羅・達・梅西納（Antonello da Messina）1474年繪製的《聖傑洛姆在書齋》（圖2），為後人對書房布局的範例。這大概是西方繪畫史上最早出現具規模的書房，聖傑洛姆獨坐在一高出地面約60公分的空間裡，整個建築結構的比例對稱而和諧地呈現在畫面上。尤其在架高後，它整個氛圍便獨立起來，此種運用如同中國的庭園概念，在跨過圓拱、橋樑台階即進入

圖1

心理空間的層次。有趣的是，聖傑洛姆的書桌及書櫃是一體成形的，提供了最佳的寧靜環境及閱讀姿勢。書桌以傾斜的角度提供閱讀的最佳視線，其高度相當於彈奏大鍵琴的高度，這幅作品是室內空間隱密閱讀的重要依據。一氣呵成的書架及書桌設計，也考慮到隔音及消音的運用；座椅的彎曲扶手和直線支架，除了力學結構外，也是歌德式風格的呈現，和整個建築語彙的設計是一致的。座椅的造型不禁令我憶起建築師萊特（Frank Lloyd Wright）為馬丁住宅（Darwin D.Martin House）設計的直線構圖家具（圖3），此作品收藏於倫敦的國家美術館，為設計師朝聖的一件重要之作。

圖2

閱讀的高度

另一幅要討論的作品是喬凡

圖3

尼·斯特拉達諾（Giovanni Stradano）的《地理學》版畫（圖4）。此一作品完成於1570年，勾勒出私人工作室應有的空間規模：窗口陽台有自然採光之空間，床在牆角一隅間接採光，並有布簾遮光，屋內則有提供閱讀研究的書桌和工作檯。畫作主人端坐的座椅及書桌，皆比一般的高度高出一台階，從桌腳及主人腳下的踏腳墊可窺見端倪，這也是後來家具設計對桌椅高度運用很重要的依據，當代辦公室座椅可調整高度，靈感也來自於此。

加高桌椅有安定空間的考量，而踏墊除了可隔絕地面寒冷外，也可選擇讓腳懸空得到休憩。桌面長度也是一重要考究，一般以180公分左右最佳，因在從事研究工作時，需要陳設許多書籍、器具。畫面中的地理學家正使用圓規測量閱讀，並有一置放書籍的書架。正前方尚

圖4

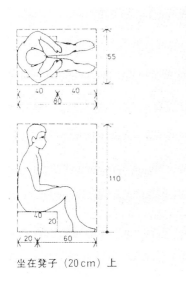

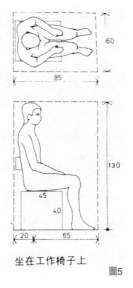

坐在凳子（20 cm）上　　　　坐在工作椅子上

圖5

有壁爐，這也說明一工作室除採光好外，也要考量空氣的流通以及冷暖的控制。

　　綜合以上三幅畫作，可以大概整理出生活空間中的閱讀習慣及姿態，《雅典學園》呈現在戶外閱讀可能遭遇到的情境，如依牆柱閱讀，在台階蹲坐閱讀，後兩幅作品是不同型態的私密性閱讀，可區分

圖6

出兩種不同高度的座椅概念。首先讓我們整理出關於坐姿高度的人體工學比例（圖5），以作為座椅的基本款式參考，這些尺寸是由人體結構的支撐點對應脊椎骨骼之彎曲程度而測量出的結果，該數據是西方針對空間活動尺度所擬定，較屬於唯物的物理原則。

　　但此數據轉換到中國又是另一種考量。中國自古即以易數延伸出魯班經的規矩，自成一建築尺寸比例數據。明式椅（圖6）的高度約52公分（一尺十寸），比一般西方座椅的40公分為高。對中國人來說，人的小腿肚長約45公分至50公分間，腳因而不能著地，則身體和椅面的支點除尾椎骨、靠背、雙扶手分散身體重心外，又多了臀部以下的腿部正好在椅子的前沿上，增加受力面，而有了七個受力點：背椎、大腿、雙腳、雙手，這幾個部分恰好

對應黃帝內經的「三里、委中、列缺、合谷」四穴位，有遠離病痛、消除疲勞的療效（圖7）。

椅子的學問

由此概念重新審視中國十八羅漢的坐姿，和《雅典學園》內尊聖哲比較，似乎也有某些雷同，即以肢體、穴位作為他們的閱讀姿態。由此可推論出一有趣的概念，以肢體和肌肉的關係做考量，而產生更機能性的座椅設計。如丹麥設計師漢斯‧維納（Hans Wegner）就以中國的明式椅設計出經典的「中國椅」、「孔雀椅」（圖8），尤其是在1949年設計的「椅」（The Chair），更是針對腰酸的人而打造，開啟了為靠背造型之舒適度考量的設計，隨後，座椅的高度可依不同功能而調節，單一座椅有了更豐富的面貌。

對於閱讀與寫作，椅子的高

圖7

度、舒適度是主要的考量，再者，桌子和照明則是個人風格語彙不可或缺的因素。二十世紀初期，女性主義作家西蒙波娃常去的蒙巴那斯咖啡館，擺放著當時時尚的、以單純的曲線曲木構成的咖啡椅，那個時期的文人沙龍最愛用托勒（Michael Thonet）設計的「第14號椅」，它不占空間，又有沙發的舒適度。咖啡館的主要光源，則是自然光和吸頂燈。

比較西蒙波娃和沙特二人的書房和書桌，可以從中看到沙特嚴謹的一面，和西蒙波娃的隨和與浪漫。而兩人的生活物件皆有著異國風情，如沙特桌上有一中東圖紋的收納盤，西蒙波娃的書架上則有中國清朝彩繪的糖果罐及織繡。較有趣的是沙特的檯燈，工業性的造型顯得很突出，這種「化簡為繁」的陳設營造出房間的輕盈氣氛。複雜

圖8

的空間加上造型簡潔的工業產品，則對空間可造成寬闊的效果，如運用兩款較具機能性的檯燈：理查·薩帕（Richard Sapper）在1972年設計的「Tizio」檯燈或安東尼奧·希特里奧（Antonio Citterio）所設計的「Kelvin T」，兩者分別代表古典結構及新時尚風，皆可調節左右高低。它們不但提供了閱讀照明，也使使用者的個人風格更具人文趣味，其特點在於閱讀之際不會有視覺沉重之感，而白光在紛亂的書堆中，也恰似建築的支架，或沼澤中的鷺鷥令人會心一笑。

這幾年，科技的進步改變了人類閱讀以及工作習慣，尤其是電腦的普及，又重新開始了無靠背座椅的思考。電腦螢幕使我們回到《聖傑洛姆在書齋》所帶來的思索方向：書桌以大鍵琴按鍵及譜架的高度做為考量（圖9）。

為了讓背脊可傾斜而不致太疲勞，引用日本跪坐的禪式概念來平衡調節坐凳，挪威的Peter Opsvik所設計的座椅（圖10），即透過人體坐姿前傾和膝部支撐，消除背部、頸部、臀部和腿部的承受力，保持身體的自然狀態。當代的閱讀工具已逐漸呈現東方與西方，新與舊，自然與人工的混搭狀態，設計者將各種概念整合以呼應人性，而在古典繪畫中，似乎早已經出現符合閱讀的機能性生活家私。■

本文作者為實踐大學工業產品設計系講師

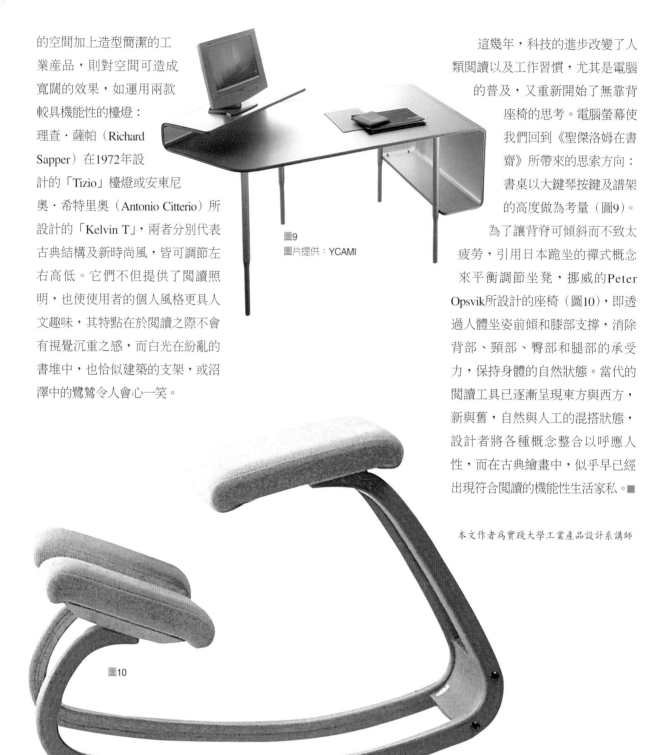

圖9
圖片提供：YCAMI

圖10

Part 4

公共空間
Public
Space

朱天心在咖啡館

咖啡館像一個時間膠囊，凍結了她最有力氣、憤怒的年紀，把這樣一個時光所有的都埋在那裡了。

文—徐淑卿

「也許你其實在找尋一個消失的咖啡館吧……，墨黑鐵腳的木頭椅、單純的大理石桌、記不得樣式材質的地板、服務人員總用一個泛銀器光的金屬托盤送上你所點的哪怕只是一杯咖啡一杯水。」這是朱天心在〈夢一途〉所寫的一段文字，咖啡館後來改裝成像拉麵店一樣充滿高分貝歌聲的咖啡館，於是她只好逃離：「你把一段而今顯得彌足珍貴的太平歲月和幾名年少時的好友給匆忙丟在那兒，顧自倉皇逃命，它們給凝凍住在某四次元中，喊破喉嚨也分毫穿透不得偶像歌手的吵嚷白痴聲。你視線無由與它們交會，你只能在另外的時空中再見到他們，入夢來。」

咖啡館作為書寫位置

朱天心是時間的收藏者。她沿路托鉢撿拾路上看到的風景，慢慢形成記憶，她對「時移事往」的變異有早慧的敏感，她知道世界必定會「寶變為石」逐漸逐漸的走樣，但是就像她形容自己是一個逆向而行的人，當所有人潮往某一個方向走的時候，她東張西望戀戀不捨過去，然後用文字寫下多數人已經不再措意的過去的細節，她向所有迎面而來的人說：「我記得……。」

「我記得」，就像朱天心在〈夢一途〉裡所寫的改裝的咖啡館，所有的故事凝凍在那個已經察覺不到線索的空間，你喊破喉嚨，視線也無由交會，你只能成為漫遊者，然後對著被封鎖在咖啡館的過去說：「入夢來。」

如果每個作家都有一些解碼的關鍵字，「咖啡館」也許是認識朱天心的關鍵字之一。這不僅因為這是她寫作、閱讀的地方，也是她作品中時常出現的空間，她甚至曾以咖啡館為背景，寫了一篇小說〈威尼斯之死〉，同時更重要的，「咖啡館」也是一個隱喻，暗示她所選擇的人生位置、寫作位置。朱天心說：「時間就像一條大河，人們偶爾想上岸歇口氣，咖啡館就是一個可以暫時脫離生活節奏的地方。但是創作人喜歡咖啡館，是把這個意義再放

大，認為在人生中『我可不可以不要跟你們走一樣的路，我可不可以不要用你們的節奏』？某種程度上，我就是永遠當一個在岸上的人，看著你們去吧。」不僅是她自己，她認為所有寫作的人，若干程度都應該站在人生的邊緣上，不甘心按照一般人的時間表行走，懷疑甚至想要推翻所有的價值。

咖啡館作為工作場所

在〈威尼斯之死〉裡，小說家主角描述著咖啡館的氛圍，如何慢慢滲透進小說裡，捏塑著小說長成的樣貌。但是在真實生活中，朱天心卻認為咖啡館的干擾越少越好，而她一開始在咖啡館閱讀、寫作，也並無任何浪漫的理由。朱天心說：「我開始寫東西是在課堂上。就是習慣不在自己的家，不在書桌，不在熟悉、封閉、安靜的環境，這對我來說是寫作上的一個啟蒙經驗，就是要脫開熟悉的場域，所以很自然的，參差不一的咖啡館就成為可以收容我這個需要的地方。我的選擇性是很寬的，不是特別喜歡哪一家，非得到哪一家才寫得出來，而是只要可以離開家就好。」

朱天心選擇的咖啡館最好位於捷運沿線，因為幾乎每天都去，所以還得要平價，以及可以續杯咖啡，因為在咖啡館的時間很長，所以朱天心承認她對續不續杯有點敏感。也因為待的時間很長，所以那家咖啡館最好生意不太好又不太差，太差你會擔心它是不是有一天會關門了，太好的話，你一個人一坐四、五個小時會感覺很不安，怕耽誤人家生意。直到現在，朱天心認為自己對咖啡館的要求都還好，因為她不怕吵也不怕煙味，只是有時會被好聽的音樂干擾。

蔡志揚攝影

不同於有些人喜歡在咖啡館觀察芸芸眾生以汲取靈感，朱天心不喜歡在咖啡館觀察別人或聆聽別人說話，所以絕少去看咖啡館來來去去的人。「咖啡館就是我創作的辦公室，所以我最希望的是有某種程度的純淨，可以不花腦筋、不受干擾的立刻進入工作狀態。」她認為，所謂的觀察人生、所有的人生閱歷，應該是在工作之前就完成的，因此她到咖啡館這個工作場域時，她想要的就是不受干擾。她常一陣子只使用一家咖啡館，所以即使去熟了，她也希望不要和任何人有一丁點關係，哪怕是個眼

神，或者服務人員已經會自動說妳要的咖啡是什麼，只要和旁邊的環境或人有一點點勾連，就算只是一個很淺的關係，那人概也是她要逃走的時候了。

咖啡館作為時間膠囊

朱天心計算，她常去寫作而後來關門的咖啡館有五、六家。這些消失的或仍然存在的咖啡館，對她來說，就像一個一個的時間膠囊，凍結、儲藏了她某一段時間的記憶。就像信義路上已經關門的一家咖啡館，那是她寫作《想我眷村的兄弟們》和《古都》的地方，那個時候小孩還在幼稚園，日後她發現好多篇的草稿結束時，都寫上幾月幾號的三點五十，她就想為什麼，終於想起來了，因為四點十分要去接小孩，這時候她覺得在這個時間膠囊裡，凍結了她最有力氣、憤怒的年紀，把這樣一個時光所有的都埋在那裡了。

這種凝結既是時間的也是空間的。就時間來說這種凝結的形狀是「記憶」，就空間來說，朱天心曾形容咖啡館就像《愛麗絲夢遊仙境》裡的那個洞窟，你走進去好像可以把所有事情暫停，就像讓時間喊停，鐘面不再轉動一樣。

可是時間終究不會停止，洞窟似的咖啡館也不免流年暗中偷換，朱天心離開了《古都》時期還渴望講出不同聲音的咖啡館階段，成為一個「漫遊者」。她說：「我把自己認為是後段班學生，不被老師理解不被長輩理解，那我走開總是可以吧？我覺得其實有一點點的自我放棄或放逐而走遠，所以我想漫遊那種感覺，好像能講的話已經講完了，那我就走開吧，看我能走多遠，某種程度覺得跟當下的對話是無效的，也沒有力氣了。」評論家黃錦樹曾以〈從大觀園到咖啡館〉形容朱天心兩個不同的書寫階段，而從咖啡館到漫遊者，也許我們可以察覺到一個區別，她已經不再是坐在咖啡館裡召喚過去的通靈人，她已起身離去，就像逃離那個拉麵店似的咖啡館，她已經不期望被凝凍的記憶能夠被聽見，她只期待「在另外的時空中再見到他們，入夢來」。

當咖啡館的功能減半

在現實的生活裡，朱天心原也以為在咖啡館的寫作歲月可以年深月久的，「只要一天還在寫，就可以在咖啡館工作下去。」但是現在也不免悲觀起來。朱天心說，她在咖啡館不總是在寫東西，有時是在發楞，讓思緒沒有效率的漂流，但是很多時候是在看一些和現在寫作直接有關的資料。她以前可以很有效率，但這兩年眼睛開始不好了，太小的字可能會看不到，所以以前那種可以是完整的工作場域的咖啡館，現在變成沒寫的時候只好發呆了。你沒辦法借個力，有時看看相干不相干的書，也許不一定會有直接的幫助，但可以換個手，換一個空氣，但現在就不可能。過去連閱讀帶寫作的多種功能，好像被砍掉一半，於是她想，不知道哪一天會不會也得有人推著輪椅去咖啡館，那實在不可能，所以只好老實在家裡了，但她也不知道自己在家能不能寫。她說：「以前覺得咖啡館開開關關會有各種變遷，可是你自己可以寫到最後一刻，但是現在覺得咖啡館開開關關，它會永遠在那邊，可是你這樣的生活好像會有盡頭。」

聽到這裡，我想多數人會跟我一樣提出一個真摯的建議，也就是「是不是戴個老花眼鏡就可以解決呢？」朱天心的回答是：「戴老花眼鏡？這對我來說就像帶著筆記型電腦到咖啡館是一樣的事情，我在這上頭是很農業時代的，我會覺得很掃興，不過，也許有一天很容易的就會解決吧。」

舊金山與西雅圖的「獨」書村落

獨立書店確實有一種空間定錨的角色。
它實實在在融入社區，提供理性、感性、知性兼具的精神食糧，
是生活風貌及文化底蘊的反映。

舊金山黑特區的「書匠」書店，已有將近三十年歷史，標榜獨立經營與在地承諾。

文‧圖─康旻杰

九月午後一貫的海灣霧，金門（Golden Gate）公園往南的丘上還籠罩欺負外地人的低溫，但東行轉進Haight街，一到路衝的紅色維多利亞（Red Victorian）旅館前，天空就大亮開來。暖陽貼著皮膚，讓一切懶散有了充分藉口。舊金山人直接管這地帶叫黑特（The Haight）。六○年代，來自全世界無數的花孩童嬉皮客流浪到Haight及Ashbury兩條街交會的路口尋找傳說的彩虹。愛與和平是共同的信仰，無政府是唯一的政府。這個烏托邦夾在金門及麗景（Buena Vista）兩座公園之間，四十餘年後依舊色彩繽紛青春爛漫，少年龐克與不老嬉皮擦肩接踵，橫坐街頭伸手向過路人討個銅板或微笑。迎面晃來兩名大鬍子壯漢牽著腳踏車和老狗，手上一大管煙草薰得街面浮動──不用懷疑，迷幻的味道確實嗆鼻。所有的店招都有點扭曲，但不是錯覺。世界大同，約莫是這麼個光景。

無政府論述「黑特」基地

不管黑特被炒得如何時尚或樣板，這嬉皮味還存活著就頗堪玩味。除了街道毫不掩飾的放浪形骸，總不免要靠著一種概念或精神撐住。「書匠」（The Booksmith）和「裝訂成冊」書店（Bound Together Bookstore）的書架上，數十年如一日豢養的，不啻是這種非常黑特的理想社會價值。「裝訂成冊」是一家靠志工及會員經營的「集體」（collective，類集體農場制度）書店，從無政府宗師Noam Chomsky到黑人死囚作家Mumia Abu-Jamal，這Haight街上激進但低調的書店根本就是無政府論述的大本營。每年春季籌辦灣區的無政府主義書展外，它還是階囚文學計畫（Prisoners' Literature Project）的遞送處。1976年至今，「裝訂成冊」將不同世代的無政府主張者「綁在一起」，不僅透過網路聲援串聯無遠弗屆的相關社群，更以黑特為基地，具體

推動一種社區導向的社會實踐。

同樣誕生於1976年的「書匠」，最自豪的是在標榜獨立經營及在地承諾的前提下，吸引到一群能輪轉多國語言的作家、藝術家、詩人、影評人與電腦高手，為顧客提供細膩的服務。造訪灣區的重要作家必定親臨「書匠」，因為書店仿棒球卡為作家貼心製作的「作家卡」老早成為讀者收藏的搶手貨。包括半打以上的普立茲獎得主在內，這些正面印作者照片、背面附作品簡介的作家卡總數超過了五百人次，頗具格局地拼貼出歷年來親至黑特參與「書匠」說書的作家群像。「書匠」深信獨立書店是獨立思考的最後稜堡，也是維續在地社區精神的關鍵命脈，書店櫥窗展示的不是暢銷書排行，倒更像一組社會論述的拼盤。大門口電線桿層層疊疊的live house演出單爭搶地盤，流浪歌手則倚著牆而唱，「書匠」彷彿上輩子就注定在黑特，看來還會一直陪這街道天荒地老。

黑特區充斥著頹廢幻彩的怪ㄎㄚ個性商店，組成一列永不過時的時代藝廊。

叛逆怪店競述都市傳奇

在黑特賣書的可不只是書店。PlaNetweavers或Anubis Warpus這類的主題個性店內，書本的角色更在烘托一種特定的反／文化調性。與其說PlaNetweavers是新世紀浪頭的追逐者，毋寧當它是嬉皮遺風的續隨者恰當些。同樣嚮往生態、靈修、瑜珈、神祕力量、非洲鼓樂，這性靈雜藝鋪硬是多了些不羈、幻彩及六〇年代。Anubis Warpus以強烈的反文化筆觸渲染從嬉皮到龐克的叛逆狂狷，樂團the Damned、the Cramps、Siouxsie的T恤鎮店長銷，刺青穿環另闢密室，櫃台前展售螢光色假髮及手染頭巾，書架上的情色文學和大麻專書大方挑釁主流觀感，空氣中燃燒不息的顫振噪音，持續魅惑孳世代的孤傲身形。

這種怪ㄎㄚ店在黑特不勝枚舉，從外觀到內容，一戶一個屌樣。既是頹廢味掛帥的消費個性店，又像一個永不過時的陳列藝廊，滿街的古靈精怪全不容感官喘息，輪番競述Haight—Ashbury的都市傳奇。但他們並非僅是時代錯亂的復古擬像，不少從六〇年代一路走來的好鄰居，肯定這種表現慾旺盛的風格其實有在地淵源。走進「煙管之夢」（Pipe Dream）回味一下滿室水煙管折射微光的幻覺，到Mendel's美術用品社撫觸雲頂神佛揮曳的布幔，趕一齣Red Vic影院午場的獨立電影，赴「死之華」（The Grateful Dead）的故宅朝聖，到Rocky's找Jimi Hendrix或Bob Marley的絕版45轉，或不然，光站在So Me店前的人行道上看這吉他神雷鬼魔被塗鴉出的俊美面容，就可能窺見老黑特的幽靈從慵懶的街道甦醒，倒映在重上新漆的櫥窗間。

一盞永不熄滅的光

黑特是舊金山最富鮮明顏色的社區之一，但絕非唯一。繞過麗景公園下坡南行，遠遠可見卡斯楚街（Castro St.）一帶沿街飛揚的彩虹旗。Manuel Castells在《The City and the Grassroots》書中巨細靡遺地剖析了舊金山同志社群如何在六、七〇年代的社會運動中，整合政治經濟及文化力量，於原本衰頹的藍領鄰里奠立彩虹社區的基石。七〇年代末同志政治領袖Harvey Milk被暗

殺身亡及緊隨而至的AIDS狂潮,進一步凝聚了卡斯楚區認同政治的能量。至於現今每年六月張狂的驕傲遊街,早已經是跨地域的最大規模同志節慶,並搖身而成舊金山最重要的觀光資源。高級餐廳迫不急待進駐社區,卡斯楚街當年頑強的抵抗銳角如今看來略顯平滑。多虧了「一盞不同燈光」(A Different Light)書店及無與倫比的卡斯楚戲院挺住街角,不斷藉由書與電影呈現的作品及論述,透視日趨浮華豔麗的同性戀文化表象,辯證身體與性別政治的多重視野,守住一處領地化認同社區的生活尊嚴。

另一盞不滅的光在舊金山市中心的「北灘」(North Beach)幽幽燃著——Columbus街上的「城市之光」(City Lights)書店儼然是這小義大利區的精神地標,更是全美國觀封桂冠的詩殿堂。在噤聲的年代,它甘冒大不韙,以無比勇氣撐持「垮掉的一代」(the Beat Generation)之異端書寫,藉詩的力量召喚人民的良知與行動。「給我書,不要炸彈」(Books not Bombs),在城市之光,詩的聲響猶勝於砲彈轟炸。大門邊的窄小胡同以Jack Kerouac為名,路牌上的end一字,同時標註了死巷不通及《旅途上》(On the Road)作者的最終歸處。二樓的詩人之室,可常見吟誦者在晞微天色中低詠迂迴的時光命題。

在舊金山市中心的「城市之光」書店,詩的聲響勝於砲彈轟炸。

如今八十來歲、白鬚白髮還偶爾漫步北灘的傳奇詩人Lawrence Ferlinghetti在1953年開了這家「賣書的圖書館」，半世紀為自由與正義發聲傳頌，豎立了全世界獨立書店的標竿，卻依然謙沖關心其他城市的「獨」書角。今年（2005）4月溫羅汀獨立書店業者與城市之光店長Paul Yamazaki視訊連線，分享經營甘苦及未來跨海聯盟的期待；當時未能現身的Ferlinghetti特別親筆捎來祝福及友誼，讓所有參與者都感覺窩心及鼓舞。

幾乎與城市之光同齡的隔巷鄰居「維蘇威咖啡館」（Vesuvio Cafe），滿牆的詩與藝術挑逗騷人墨客的波西米亞神經，自然也是垮掉世代的經典據點。整個北灘主要街廓的人行道上，充斥著不間斷的咖啡座和悠哉的老饕。咖啡因到了華盛頓廣場才漸稀釋，這一方綠地中的富蘭克林雕像既象徵了理想化的美國精神，也成了北灘激進社群在政治示威運動中極方便下手的對象。我親眼目睹一次反布希出兵的示威進行中，一名異議份子爬上銅像，以紅繩索捆住富蘭克林的嘴，白披布蓋住他的肩徽，底下群聲噪動，宣稱美國獨立精神已死。只是不遠處，城市之光的詩聲不輟，門面牆上成排聶魯達革命詩的旗幡依然澎湃洶湧。

獨立書店塑造都市村落範型

在這些依都市既存紋理，以中密度住宅、豐富的街道生活及清晰文化性格定位的都市村落（urban village）模式中，獨立書店確實有一種空間定錨的角色。它具體存在，實實在在融入社區，提供理性、感性、知性兼具的精神食糧，不追求時尚流行也不強調消費品味，容許瞎逛飽讀終日卻不像圖書館嚴肅，像個可靠的訊息站但又是由地方窺看世界的窗口。

舊金山還有不少此類型的都市村落，如Russian Hill、Nob Hill、Fillmore等，各自演繹出以獨立書店標定街道生活半徑的特性鄰里圈。至於離市區稍遠的大學城柏克萊，挾著自民權及學生運動以降的批判傳統，打開了學院象牙塔及社會實踐間的藩籬，吸納了眾多各具特色的獨立書店與人文場所於步行範圍內的數個街廓，形成自主性更高的村落範型。

柏克萊最代表性的Cody's Books及Moe's Books，望文生義，店主的個人特質與堅持成了書店活招牌。他們人道、熱情、積極地參與社會及社區的態度深化了獨立書店與鄰里的情感鍊，更催生了「北加州獨立書店聯盟」（NCIBA）的運作動員，為生存空間日益遭連鎖書店擠壓的獨立書店，爭取言論出版自由及公平競爭的權益。這個已經有超過六百家獨立書店加入會員的聯盟，提供了一個延伸性而非中心化的網絡平台。他們強調獨立書店的獨特性無關店面大小，而在於長久的在地互動，且持續關心社區與社群文化意義的建構及辯證。它因此是在地社區的一面鏡，是生活風貌及文化底蘊的反映，也是主體性的省思之處，更是一道門。城市之光書店內一道平凡的門上，貼著一張泛黃的海報，幾個素樸大字「I AM THE DOOR」，如此自信肯定，竟讓試圖開門的手不得不因謙遜而些些抖顫起來。

既古老又先鋒的文化西雅圖

都市村落是西雅圖永續規畫的主要概念與訴求。這個始終與舊金山列名全美最適居城市前三名的中型城市，基本上可看作是一個匯聚許多大小都市村落的集合體。每一個都市村落各有層級及定位，並至少包含一條生活機能健全且周邊社區不必開車即可抵達的主要街道。透過既有鄰里的強化，都市村落將開發密度集中在已成形的交通及生活節點，以避免過度的都市蔓延和

城市之光書店二樓的「詩人之室」，常見讀者在裡邊留連不去。

西雅圖經由結合書店、藝廊、咖啡館的生活
街道，形塑出獨一無二的文化性格。

土地剝削，進而在街道的日常經驗中形塑村落的文化個性。因此，獨立書
店、單廳／獨立電影院、樂吧、在地咖啡館／茶館、微釀酒館、地方老
店、藝廊等等私人店面的公共作用，自有其不可忽視的空間力量。

　　而西雅圖市中心最古老的先鋒廣場（Pioneer Square）地區，另有更嚴肅
的歷史保存及空間活化課題。在那些壯觀的連棟赤褐砂石（brownstone）及
紅磚建築中，孕育了許多在地人也珍愛的文化內涵，吸引一般市民回到老
街區工作、居住、閒逛。艾略灣書店（Elliott Bay Book Company）尤其是其
中最受擁戴、連續多年蟬聯市民最喜愛書店榜首的文化聖像。

　　有人形容艾略灣是美國大西北獨立書店的原型，即便規模沒有波特蘭
的Powell來得大，但磚木構築挑高推展的空間層次，遼闊中帶細膩，溫暖如
大山群樹環抱的木屋壁爐，也像大西北地景的建築回應，被來回踩了數十
年的木地板在參差有致的書架間軋軋作響。艾略灣曾經每天早上八點在地
下咖啡館辦書的朗誦，讓上班族一天工作開始前先經歷一場頭腦體操的人

文洗禮。此外提供社區的閱讀活動與講座不斷，連村上春樹都曾親臨唸讀他的作品譯本。書店背後的街道，通向西雅圖最令人流連的聲音場所，Bud's爵士唱片店是我心目中爵士樂聆聽收藏第一名。氣氛無可取代，但在櫃台邊與銀髮蒼蒼的Bud聊爵士才是千金不換的音樂啓蒙經驗。

Bud's爵士唱片店收藏齊全，在此聆賞音樂是千金難買的體驗。

珍本·左翼·蕾絲邊

非常難得的，市中心的先鋒廣場竟是大學區（University District）之外，獨立書店最集中的地區。且因開在古樸沉重的歷史建築內，周圍又環繞了超過三十家精彩的藝廊及眾多含露天咖啡座的酒吧，氣質特顯優雅。光聽David Ishii Bookseller、Wessel and Lieberman Booksellers、William J. Kiesel Bookseller這些專以書商命名的店名，就不難猜測書店本身在收藏與研究方面的專業性。每本書到了這些店似都有了珍版古書的價值，磚牆上掛著古地圖及古文件，木梯與書架上隨手抽出的是關於書的書，或煉金術、神祕主義之類的中古時期典籍，或是彷如奧杜邦親手繪製的植物蟲鳥研究，外行顧客初入門來，恐怕會感覺誤闖哈利波特的場景了。

更精彩的是，在這些書店的地下藏著一家名為Ars Obscura的手工裝訂及書籍修復店。店主Joel Radcliffe是一個神祕但無比和善的書的藝術家，從書紙到書皮，從裝訂到封線，他對小處的專注及技術令人五體臣服。這些關於書的店與書店，與建築及環境如此和諧相容，讓真正懂門道者穿梭於西雅圖的歷史情境及遙遠飄渺的時空投射之間，不斷勾引出對人類文明新的好奇，確實是城市生活少有的豐富體驗。

接近派克市場（Pike Place Market）還有更多珍本及古印刷品書店藏在迷宮般的歷史地標建築內，但真正有趣的是在遊客如織的市場口，靜默地蹲著西雅圖最激進、標榜無政府／左翼／性別解放的左岸書店（Left Bank Books）。如此桀驁不馴又如此貼近人群，如此被錯置又如此之「西雅圖」。

更多政治激進的書店可在市中心外的「國會」（Capitol Hill）區找到。國會區相當於舊金山的卡斯楚區，是西雅圖最活躍且最有活力的同志生活圈，集中了許多西雅圖最好的單廳電影院、咖啡館及書店。這裡是體驗前星巴克年代的西雅圖咖啡社會最好的選擇，也是每年西雅圖影展奔波趕場的主要據點，還是美國境內少數有書店能開過半夜（且禮拜五整夜）的社區。相較於卡斯楚的「一盞不同燈光」，國會區有類似的主題書店「衣櫃後方」（Behind the Closet Bookstore），但又多了Bailey／Coy Books，「雌蕊」（Pistil Books），及「紅與黑」（Red & Black Books）三家更深入探討性別論述

的書店撐腰，相當程度彌補了蕾絲邊文化與女性研究始終在同性戀社區被相對次化的缺憾。國會區的二手書店也是公認的整齊，尤以「地平線」（Horizon Books）及「轉售故事」（Twice Sold Tales）最受稱道。若半夜嗑書卻忽然渴望咖啡因，不妨轉戰「包浩斯」（Bauhaus Books and Coffee），書不多，強調藝術建築類型，但咖啡好喝音樂有稜有角，在深夜裡，特別接近一種城市精神的具象。

在這裡，我們沒有國家

比較西雅圖與舊金山的獨書環境，時而能發現一些城市隱藏的線索。比如，他們都是詩這種最偏鋒、最乏市場的文學型態可以生存的城市。西雅圖Wallingford鄰里的「詩商店」（Open Books：A Poem Emporium）是全美國唯二純粹以詩為主題的書店之一，店主人John Marshall及Christine Deavel還被西雅圖週報選為年度最佳詩商人。若非城

如西雅圖這般浪漫的城市，才能孕育出純粹以詩為主題的「詩商店」。

以藝術電影著稱的西雅圖，是全美國看電影人口最多的城市。

市中愛詩的市民，如何能想像一家詩商店在現今的商業環境存活下來？

Wallingford離大學區很近，因為隸屬城市範疇，有更多的人口足以撐起Neptune等六家精彩的藝術電影院。甚至夾雜其間，另有一家以電影相關專書為主的書店Cinema Books，及一家全美國類型最齊影片最多的影帶店「稻草人」（Scarecrow），裡頭香港電影收藏之豐恐怕連周星馳都會嚇退三步。數據清楚顯示，西雅圖是全美國看電影人口最多的城市——當然不是因為《西雅圖夜未眠》的原因。

這些都市村落或大學城的獨書角，有些銳利有些圓融，但對地區文化個性及街道生活的塑造都是無可取代的「刺點」。即使只有一家小小的獨立書店，有時也能號召不可思議的社區支持，凝聚出某種可辨識的社區意識。我想到美國大陸另一岸的小鎮北卡教堂山（Chapel Hill），大學城的條件包容了Franklin街上一家以合作社方式經營的國際主義者書店（Internationalist Books）。在美國南方的保守州內，竟有一家由超越三百名社區成員、每人每年交二十元美金所共同擁有的進步書店。1981年創辦者Bob Sheldon開宗明義說道，「我們盡心建構一個位置，那兒我們沒有國家。我們不支持那種祈求國家一統的愚蠢愛國主義或維持美國第一的企圖。我們支持全世界被壓迫人民的團結與解放，並努力追求所有壓迫及不平等從世界移除的一天到來。」

四分之一世紀過後，這些話語作為一家集體合作持續經營的書店宣言，讀來依然鏗鏘有力。1991年初Sheldon公開駁斥波斯灣戰爭的荒謬後不久，在2月21日黃昏關上店門的當下被槍殺身亡。兇手至今未被逮捕，但國際主義者書店自此成為社區成員繼續追隨Sheldon社會理想的基地。

同一年，我從北卡結束學業，開車前往西雅圖。從我甫落居的大學區，無意走進一家醒目紅招牌的革命書店（Revolution Books），在書架上，讀到生平第一本小紅書毛語錄。我與獨立書店的淵源，於焉開展了另一章節……

本文作者為淡江大學建築系助理教授

Simply，溫羅汀

刻意創造一個新地名（或某種空間指涉）顯然別有目的。至少在2005年3月前溫羅汀並不存在，但現在台北有極小部分的人開始認知到它代表了溫州街、羅斯福路、汀州路及周邊街巷延展的空間，甚至聯想到散布其中的獨立書店、獨立音樂演出發行所、咖啡社會、NGO組織所溢滲開來的文化氛圍。不能否認專業者以自身價值為地方命名多少展現了一種權力的倨傲，但溫羅汀沒有任何取代公館或大學里的企圖，頂多像是一種地下意識的星座盤，可任由其他異議聲音駁斥、抗拒、辯論、接受、或再重構再疊置。

但當公館越來越成為夜市、連鎖性時尚消費、大學機構、交通轉運站等難以扭轉之印象的代名詞，不妨就將溫羅汀看作是種提醒；原來是這些小街小巷內的小小個別店家的獨立基調，讓這緊鄰台大的幾處街廓浮現一種可感知的地方個性。它像都市中的村落，因為這些未被同質化的店家還帶點前現代的、店主性格決定店家風格的氣質；但它又比一般的村落或社區開放，是城市化到一定階段後才可能有的多元包容——所謂非領地性社群認同的象徵地景。

在文化及實質空間上都處於地下位置的「唐山」書店。
（圖片提供：溫羅汀行動聯盟）

晶晶、女書店、南天、台灣ㄟ店、唐山桂冠書林、藝術圖書詩歌舖子、明目山外結構群、秋水堂問津堂、茉莉雅舍小高的店……這些乍似任意的招牌拼貼，實則開展出台北城市認同光譜的頻寬彩度。從性別到族群、從身體到主體、從左翼批判到台灣意識、從生態環保到文化圖騰、從繁體簡體到英文梵文、從二手廉價交換到珍版古書收藏，每家獨立書店昭喻了店主深化特定知識範型的理念或單純愛書樂智的喜悅分享，個別堅守的主題又集蔚為可觀的書風景，各自表述但彼此連構成生命共同體，在連鎖書店的侵蝕與收編下尋找出路，還一邊持續誘引相關認同團體的主體性思考與發聲。南天的魏老闆說得極有風骨，「我們販賣的是知識，不是商品」。通過知識的傳遞與交流，我們思考人的主體如何被框限與壓抑，並藉此尋求不斷崩解意識型態的可能。從這些呈點狀布局的閱讀所在，書冊扉頁一經翻閱，知性與感性的微塵即向街道飄竄。在街巷間漫遊的人，循著小書店微光的指引，便自地面的繁華公館，進入溫羅汀的地下莖（rhizome）世界。

地下莖延展開的千重平台不為鞏固唯一的中心主張——對那些永遠好奇、亟欲探索的心靈，意識平台縫隙一處粗糙的轉折或一陣刺耳的噪聲都可能導向激進的思想解放，甚或認同邊界的鬆動。但或許也不必太嚴肅，就想像溫羅汀是單家被打散了、分布在街廓不同角落的誠品吧，只是每個書區又在更獨特專精、更照顧小眾需求的經營堅持下堆疊出更瑰麗深刻的內涵。因此，我們沿著綿延擴散的城市街道悠遊閱讀，而非僅能選擇購物中心化的場所享受「盡在單一屋簷下」的便利服務。這是城市生活真正精彩的人文層——一家店，一則不可替代的故事、無數涔涔或絮絮的認同論述。即便部分書店因迴避高店租而略顯隱匿，那低調的自得反而對映出城市真正的文化厚度與雍容自信。溫羅汀是論述的、行動的、也是生活的，是知識的、抽象的、也是可感的；在遊蕩、踦亍、清談、嗑書、獨酌、批判、省思之間，不斷辯證自由主義揭櫫的寬容與自由。（康旻杰）

我心目中的理想書店

建築師林洲民談書店設計

林洲民，一位以空間設計來表達
對台北這個城市之熱愛與責任的
建築師。書店作品包括誠品站前
店與京華城店等，此外還有文化
大學的大忠、大夏及大新館的學
習中心，目前正替誠品進行松山
菸廠文化園區的規畫。他強調簡
明俐落的「減法建築」，卻不忘在
鋼筋水泥中注入人文情懷。

採訪整理—蔡佳珊、藍嘉俊
圖片提供—林洲民

Q：你認為一個理想的書店應該具備哪些條件？

A：我覺得逛書店跟看博物館有一個共同性，都是以視覺去瀏覽心靈的一個歷程。不同點在於，你在博物館或美術館無法帶回這些心靈經驗的標的物，但是在書店可以把戰利品帶回去。這使得逛書店的行為可以將心靈上的閱讀習慣與實際購買行為做最直接的融合。所以，理想的書店必須是舒服的心靈導遊空間，之外還要讓購買行為是經過設計的舒服行程。

逛書店的過程分為三個層次：第一是瀏覽，第二是決定，第三是購買。瀏覽在於「景」，就是大氣的布局。書架的高低寬窄，是構成書店氣勢最重要的元素。再來是決定，讀者會試讀，以決定是否要擁有這本書。這個階段有兩個方式：站著決定或坐著決定。

人家說，到一個餐廳不只是用餐，還是個「看人」或是「被看」的有趣過程。就是To see and to be seen。在書店站著選書，等同於在餐廳「被看」的行為，畢竟逛書店是種文明的習性。讀者站著選書，跟書架融合在一起

位於京華城球體頂端的誠品書店，打造出與時尚消費建築宣言等量齊觀的文化氣息。

變成書店的風景。第二個是坐著閱讀。坐著可以讓你絕對專注地看這本書，而又因為有了舒服的位置和姿勢，你還可以瀏覽書店的景。這是同時「看人」和「看書」的行為。

最後是購買，這是經營者必須特別注意的，就是結帳空間。結帳是完成購書行為的最後一步，這個空間如果設計合宜，能讓顧客有被尊重的感覺，繼而一來再來。

Q：書店的設計有何特殊的考量？和圖書館有什麼不同？
A：書店跟圖書館不一樣，圖書館需要大量的閱讀空間，人和書的距離相對而言比較遠。但是在書店，人和書的距離必須要近，所以大部分書店沒有坐下來閱讀的地方。我認為一個成功的書店，它的閱讀空間不能像圖書館是集中型大區塊的，而必須是小區塊的、舒服的。

一個成功的書店只要有三個元素，一個是書架布置的氣勢，第二個是

站著閱讀空間的雅致，以及坐著閱讀空間的舒服。這是我在設計上最注重的。

其實我心目中最好的書店是一個看起來像圖書館的書店。圖書館的書是用典藏的方式，但書店是營業空間，它的書是用陳列的方式。我心中最理想的書店是可以將典藏與陳列同時考量、做一個恰當比例分配的空間。

Q：書店的細部陳設，如燈光、書櫃必須注意哪些要點，以營造適合讀者閱讀和購書的空間？
A：燈光方面，可分為聚光和泛光。整個書店用泛光系統來設計是比較柔和的，但是在特定的閱讀空間，用聚光的方式比較有空間感。

書櫃方面，從小型的書（漫畫書、口袋書）到大型的書（工具書、百科全書）的書架設計都不一樣。還必須考慮不同的使用者，例如兒童書區和成人書區的書架也不同。人體工學也是必須注重的。一般的書架都是九十度，可是人有不同高度，看書架的角度就不同。所以書架的陳列有時也不宜是九十度。以短短四十五公分的書架深度而言，背後可內藏收納空間，若干高度以下也是不用擺書的，因為沒人會蹲那麼低，可作為儲藏空間。書櫃頂端也可向前延伸，內嵌燈光。材質方面就是視覺舒服、注重

建築師林洲民

功能性。

　　書架不宜太高，因為要跨過書架看到整個空間。要有開闊感，可是又要有包被感才有私領域的感覺，這中間要搭配合宜。

Q：就你在國內外逛書店的經驗，有哪些書店是令你印象深刻的？

A：我可以非常自信地說，台灣的大型連鎖品牌書店的設計，絕對不遜於國外，甚至更好。在台灣幾乎什麼書都買得到，而且在台灣逛這類書店的經驗已經很棒，所以我自己在國外常逛的倒不是以內部設計和完善管理著稱的大型書店，而是具有特定主題的小型書店。

　　這類書店有兩種，一種是位於博物館或美術館內部的書店。因為它是參觀博物館或美術館經驗的延伸，隨著展覽的主題或典藏，這些領域的書籍密度遠高於大型書店。第二種書店，是只有大城市才能找到的特定主題書店。大城市的人口多、人文密度高，才會出現眾多小型書店，並且隨著城市風味的不同呈現出獨特風格，令人流連忘返。比如說倫敦就充滿了各式各樣的主題書店，有專門談戲劇的、談偵探小說的、談設計的……或是日本東京的神田，在那裡逛書店像是進入時光膠囊的一場豐富旅行，書店附近還有飲茶或咖啡館相呼應，這已經變成大都市中步行遊覽的獨特空間經驗。所以書店要能跟週遭的環境契合，才是最理想的狀態。

Q：如果把書店當作一個文化地景，你覺得台北書店的表現如何？在松山菸廠文化園區的書店，和在京華城百貨公司裡的書店，你的設計理念有何區別？

A：台北的書店好極了。我的外國朋友都覺得24小時書店是不可思議的，這

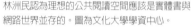
林洲民認為理想的公共閱讀空間應該是實體書與網路世界並存的。圖為文化大學學資中心。

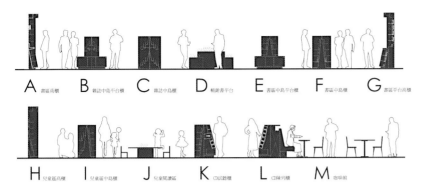

A 書區高櫃　B 雜誌中島平台櫃　C 雜誌中島書櫃　D 暢銷書平台　E 書區中島平台櫃　F 書區中島書櫃　G 書區平台高櫃

H 兒童區高櫃　I 兒童區中島櫃　J 兒童閱讀區　K CD試聽櫃　L CD陳列櫃　M 咖啡館

書架是書店最重要的風景，也是構成書店氣勢的關鍵因素。

是世界其他知名城市都沒有的。台北是個內在豐富的城市，足以壓過它的外在不夠美的缺陷。

松山菸廠和京華城的環境有很大不同。因為松山菸廠是歷史建物，它已經成就了固定的氛圍，所以在裡面設計書店必須要尊重現有環境，以做環境布置的思維來做書店，而不是以大量的建築整治的方式來設計。也就是說不要做那麼多，因為它本身就是非常漂亮的歷史建築，在外貌上完全不必更改。

京華城則是一個要跟現有的華麗環境相抗衡的案例。因為它本身就是台北消費文化的指標建築，其球體的直徑等同於大英博物館的閱讀空間的直徑，所以要在裡面作一個具有優質閱讀氣氛的書店，要有等同的能量。我們的做法就是把聲音宏亮的建築宣言柔化成符合書店的調性，讓兩者能夠等量齊觀。

Q：設計書店時如何兼顧舒適和人氣的需求？

A：在讀者與業主之間取得平衡並不難。而且擁擠的書店和空無一人的書店各有不同的氛圍。拿24小時書店來講，清晨五點跟午夜十二點的感覺完全不一樣。就像人們難以選擇巴黎塞納河畔哪個時段是最浪漫的。

我認為以把一個書店設計得舒適而言，台北的表現已經是世界級的水準。我反而特別在乎的是書籍的整合和分類，也就是書店的個性和內涵。書店的經營者必須給自己的書店定一個調性。

Q：現在你正在進行的書店設計案和過去相比，有哪些新的理念注入？

A：我覺得現代書店的空間配置，必須融合傳統閱讀和新型式的網路閱讀。我曾經有過印象非常深刻的經驗，就在紐約市立圖書館。1983年，我到紐約

時走進這個宏偉而充滿知識氛圍的古典建築，它有最穩重的書架、最典雅的書燈、最舒服的皮製椅子，陽光灑下，我感到似乎有一場沒有聲音的知識交響樂在空中瀰漫。1995年，我要離開紐約，重回這座圖書館的閱讀廳，書架依舊、陽光依舊、空間依舊，但是放眼看去書桌上全都是電腦螢幕，就好像數位音樂融入了古典交響曲之中。現在是2005年，我想像走進去看到的，那些笨重的螢幕應該都不見了，取而代之的是A4大小的筆記型電腦。

要緬懷舊日情懷，你可以去東京神田或牯嶺街看舊書店。但以今日2005年的書店而言，除了要證明擁有過去的閱讀傳統，還要強調現代閱讀的科技氛圍。要設計出能閱讀實質的書與不存在的Cyberspace並存的空間，對設計師而言是一項值得珍惜的挑戰。

Q：如果讀者要設計一個自己的書房，你可以提供什麼建議？

A：因地制宜，隨心所欲。每個人的空間不同，有的小有的大有的凌亂有的工整，我覺得書房的布置重點，其實是要呈現心目中的風景。你可以任意擺置，只要心中知道書的去處就可以。它的位置由你的心來決定，而不在於視覺上的秩序。■

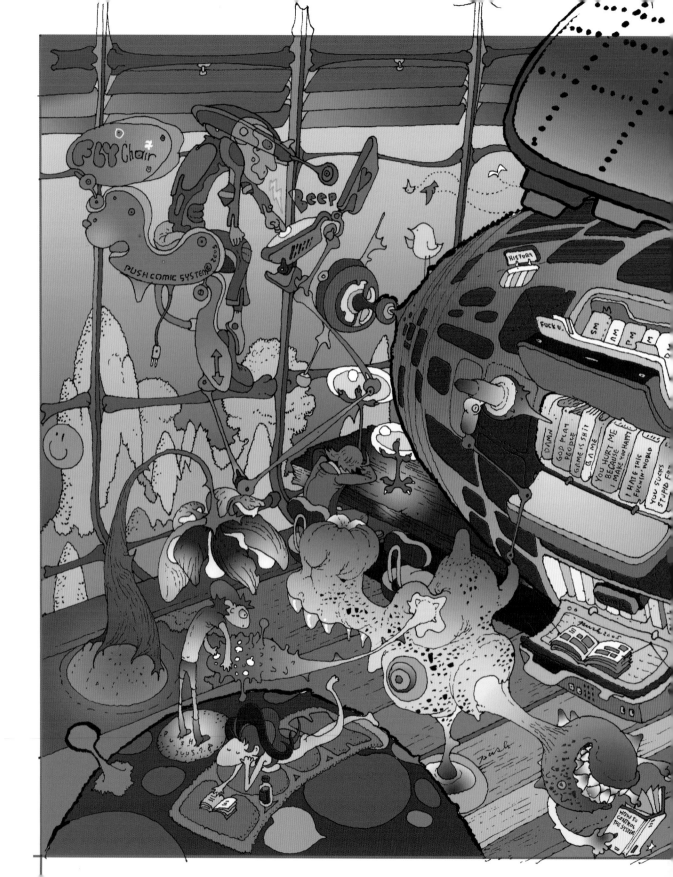

巴別塔虛擬圖書館

我心裡一直暗暗設想，天堂應該是圖書館的模樣。——波赫士（Jorge L. Borges）

文—耿一偉　插畫—阿推

陳永仁（梁朝偉飾）跟蹤韓琛（曾志偉飾）到圖書館裡，楊錦榮（黎明飾）隔著書架對韓琛說：「你幫我，我幫你，我們互相幫忙。」本來陳永仁差點被楊錦榮發現，因為圖書館的公共空間根本沒有藏身之處。幸好是陳慧琳飾演的心理醫生救了他，她讓坐旁邊的梁朝偉假裝趴睡在閱覽桌上，就像我們平常在圖書館看到的那樣，躲過了黎明的眼光掃描。《無間道III：終極無間》裡的這一段，暗示著圖書館閱讀空間的祕密，圖書館是訊息交換的公共空間，知識冒險的迷宮，所有無意識的慾望，都在館內無聲無息地進行。

心靈之眼

電影裡的香港中央圖書館樓高十二層，於2001年正式啟用，大樓正面中央還有一座稱之為「知識之門」的拱門，象徵取之不盡、用之不竭的知識寶庫，隨時為讀者而開。這不禁令我聯想到波赫士的短篇小說〈巴別塔圖書館〉，這位曾在布宜諾斯艾利斯市立圖書館工作長達十多年（1931～1946）的魔幻大師，描繪了一個無限的宇宙圖書館——「宇宙（別人管他叫圖書館）由許多六角形的迴廊組成，數目不能確定，也許是無限的。迴廊的護欄很矮，任何一個六角形都可以看到上層和下層，沒有盡頭」。

台北也有一座「巴別塔圖書館」。如果你曾去過師大在和平東路的總圖書館，你會發現有時現實是想像的翻版。館內的空間感相當接近波赫士的描述，除了不是六角形和無限之外。以前師大總圖書館甚至是我曾見過最具人性的圖書館，護欄邊還有沙發，可以讓梁朝偉和陳慧琳一起躺在上頭，一面聆聽附設耳機裡傳來的古典樂，一面閱讀《夢的解析》。可惜沙發現已不存在，倒是在台大總圖書館還經常可以看到在沙發上呼呼大睡的學生。人們是不該專程到圖書館睡覺，但也沒有規定在圖書館非得張開眼不可。於1957年被任命為阿根廷國立圖書館館長的波赫士，不就是個盲人嗎？甚至他的前一任館長格魯薩克（Paul Groussac）也是失明。閱讀真正需要的，是心靈之眼。

我關掉螢幕，取出《無間道III：終極無間》，準備待會下載回家欣賞。我現在身處的這座圖書館像個城市，途中經過地下二樓，是類似紐約黑街的犯罪區，裡頭擺滿歷代的禁書，你可以讀到希特勒的《我的奮鬥》或是小說《羅麗塔》等等。此處受到管制，連翻閱書籍都會被輸入檔案管理。我望見一位站在最後一排書架後的黑衣人，他匆匆將書闔上，用詭異的眼

神望著我，讓我聯想到布萊德彼特主演的《火線追緝令》（Seven）中那個利用圖書館研究七項原罪的連續殺人魔。趕緊奔回一樓，這裡是最熱門的觀光區，架上擺滿五顏六色的最新流行雜誌與專業期刊。大廳中央還有一座羅馬噴泉，許多人慵懶地坐在對面的大階梯上閱讀，還可以看到幾個身旁擺著大背包的知識自助旅行者。當然，裡頭都是書。不過階梯上實在有些擁擠雜亂，還是換個地方安靜一下。我打算到頂樓的植物園逛逛，聽說裡面還有一座天文台。

有機的知識宇宙

圖書館的表面功能是藏書，但如何協助讀者找到適合他的書，我不僅想起華爾堡圖書館（Bibliothek Warburg）的例子。德國馬堡學派的哲學大將卡西勒（Ernst Cassirer）在初次看到這座圖書館時，他曾感嘆：要不選擇逃開，不然就得像凶犯一樣在裡頭待上幾年。《藝術的故事》及《寫給年輕人的簡明世界史》的作者宮布利希（Ernst H. Gombrich）也曾是華爾堡圖書館的館員，後來圖書館在納粹威脅下，於1933年從漢堡轉移至倫敦之後，他還成為館長；美國漢學家史景遷（Jonathan D. Spence）也利用華爾堡圖書館寫下他最滿意的著作——《利瑪竇的記憶之宮》（The Memory Palace of Matteo Ricci）。

在1929年逝世之前，館長華爾堡（Aby Warburg）最常做的一件事，就是不斷重組書架上的擺書順序。由於人們本來想找的書往往不一定是他最需要的，反倒是經常在隔壁發現另一本更適當的著作，所以每一本書內容都應該被相鄰的書所補充，這就是華爾堡所謂的「好鄰居法則」（The law of the good neighbour）。於是你會在《白色巨塔》左邊發現《醫學倫理學》，在右邊找到《日本偶像劇研究》。書架上的每一本書都是隔壁另一本書的延伸閱讀，如此蔓延成一個有機的知識宇宙。你可以從圖書館的任一點出發閱讀，沙特在小說《嘔吐》中提到打算從A一本本讀到Z的圖書館自學者將得以解脫。在電腦編目的協助下，圖書查詢已越來越方便，表面擺設的方式並不重要，不論書本流浪到哪裡，隨時都可以利用電腦搜尋與鎖定書本的位置。以「媒體即訊息」聞名的麥克魯漢（Marshall McLuhan）曾在一封信提到：「我想到一點，那本書（指《理解媒體》）沒有講到的一點：新媒體老是要吃掉舊媒體，然後以莫名其妙的方式讓舊媒體發生變化……報紙吃掉書籍，電影吃掉報紙……被吃掉之後，舊媒體往往變成一種高雅的藝術

形式。」（1964.8.10）同理可證，當交通工具越來越發達時，不但沒有讓人類停止走路，反而讓慢跑成為一種休閒。麥克魯漢果然是有真知灼見。順著這個邏輯，我們可以知道，當電子閱讀越來越方便時，傳統的書本閱讀不但沒有因此被取代，反而成為一種珍貴的才藝，一項時尚。

名牌駐館讀書人

當人們隨時隨地可以透過網路找到他想要的資料時，搜尋速度將不是比較高下的關鍵，因為那是每個人都可以取得的國民資源，一點都不稀奇。圖書館的手工閱讀能力會成為一項藝術，一種表演。所以圖書館成為閱讀能力的表演空間，每一家圖書館都爭相聘請名牌駐館讀書人，大部分是知名作家、科學家或教授，有時還會有藝人。人們在圖書館閱讀時也閱讀他們的身影，模仿他們閱讀的姿勢，討論他們的閱讀品味。

能影響圖書館閱讀氛圍的，不只有活著的讀者，歷史人物的閱讀紀錄也能引發讀者思古之幽情。像大英圖書館的閱覽室，即留有泰戈爾、蕭伯納、狄更斯等名家的足跡，甚至還有馬克思在那裡寫《資本論》寫得太認真、太用力，最後還在地上印出「足跡」的傳說。我們當然不能否認，因為大英圖書館擁有豐富藏書，所以才能吸引這麼多優秀的讀者。但若少了讀者賦予空間詩意，圖書館也就真的成了藏書的倉庫而已，而不是你幫我，我幫你，我們互相幫忙的公共成長空間。

雖然大英圖書館裡設有說明牌，但這還是很保守的做法，不能讓圖書館的公開閱讀達到一種公共性（publicity）。這種公共性應該是讓讀者與讀者、讀者與書本之間在時間之流裡打成一片，相互對話。前面說到的駐館讀書人，他們翻閱過的書，都可以在電腦查到紀錄，讀者與駐館讀書人可以透過閱讀影響彼此的心靈歷史。甚至某位駐館讀書人若經過時光考驗，成為歷史人物，不但他坐過的位置有說明牌，甚至館內還會播放他的3D立體紀錄片，讓讀者可以在書架間邂逅他的閱讀影像。

後院的紀念墓園

於是我們可以揭露圖書館更大的祕密，圖書館其實是死亡之所，因為它本身像是書籍的集體墳場。不知是否因為如此，所以圖書館經常充滿幽靈的傳說，易讓人聯想到鬼魂，或許這也是大部分公共圖書館不開放二十四小時的無意識理由。《圖書館完全手冊3》（*The Whole Library Handbook 3*）甚至列出英美兩地四十幾座鬧鬼圖書館的名單。

不過這也沒什麼好怕的，死亡是讓閱讀變得珍貴的重要條件。如果人生

擁有的閱讀時光是無限的，將不會有人認真去閱讀。因為永遠有足夠的時間在等待，這反而造成閱讀的死亡。我們甚至建議，圖書館後院應該是紀念墓園的所在。那裡應該類似巴黎拉榭斯神父墓園（Cimetiere du Pere Lachaise）或是倫敦西敏寺墓園一樣，葬滿文化名人或是一輩子獻身圖書館事業的典範人物，讓讀者可以隨時到墓園逛一逛，思索死亡。莊子說：「吾生也有涯，而知也無涯。以有涯隨無涯，殆已。」知識無窮，人生苦短，圖書館的閱讀並非追求無限，而是一種知識冒險，一種樂讀。那些長臥墓園，願意以有涯隨無涯者的勇者，則讓我們欽佩。於是從墓園回到館內的讀者，將會更加發憤用功，因為他們體會到，死亡伴隨閱讀。

人們在圖書館的公開閱讀，不論是為了寫論文、考試、享受書本、談情說愛、打發時間，都有可能因為壓力過大而無法解套的時候。電影《X情人》（City of Angels）裡，在圖書館聆聽讀者心聲的天使並非是幻想，而是真實反映公開閱讀的心理狀態。所以圖書館應該主動提供心理醫師（不一定要長得跟陳慧琳一樣），讓那些在閱讀過程中不斷自問自答、自言自語的知識病患得以解除心理壓力，重新出發。

隨心所欲點一下

想到這裡，我發現自己來到三樓的R區了。看到戴著墨鏡的尼歐（Neo）在向我招手，是我把他加入名單，他是美國人，我們都是對禪宗有興趣才連結在一起的。「怎麼，你今天也想來這個房間聊天？」他順手拿起架上的《指月錄》，在Eureka翻譯軟體的協助下，他眼睛所及的任何一本書都立刻成了英文本。「要不要到八十一樓的C區？莫斐斯（Morpheus）在那裡等我們。他找到一本很有趣的書，是大衛布林（David Brin）的《社會進步之戰》（The Uplift War）。」他一面講一面將書藏到黑色大衣裡，「聽說這部小說曾獲得1988年雨果獎。是在談外星人管理宇宙圖書館，以及人類努力達到圖書館的故事。如何？」在巴別塔虛擬圖書館裡，藏書空間根本不是問題，是迷宮城市也不足為懼。找書更是簡單，你可以隨心所欲到任何想去的地方，只要點一下就好。不過我有些睏，我告訴尼歐我得離開了。接著我向他揮手告別，圖書館的一切在我眼前瞬間消失。

我拔掉後腦的接頭，揉揉雙眼，映入眼簾的，是熟悉的書桌與凌亂的書房。接著伸了伸懶腰，抬頭看見牆壁上的時鐘已是清晨四點半，一旁的日曆顯示著今天是星期四，時間是2035年6月28日。該是睡覺的時候了，明天還得忙著交稿。

本文作者為戲劇工作者

為了尋找失去的伊甸樂園，人們在都市中設立公園空間，讓可憐的都市人可以稍微體會樂園的寧靜。

文・圖──李清志

讀書人的
閱讀天堂

Aphasia攝影

閱讀可以是嚴肅的學問研究，也可以是悠閒輕鬆的休憩活動；事實上，我比較相信閱讀和公園散步，同樣都是讓人生輕鬆愉快的活動。清新的空氣、悅目的花朵、以及愉快的鳥叫聲，的確可以幫助人們進行創造性的思考，難怪歷史上的創意天才都喜歡在公園散步、閱讀思考。

從舊約《聖經》〈創世紀〉中可以發現，上帝在創造人類時，是將亞當與夏娃放置於伊甸花園中，但是因著人類的犯罪墮落，人類被逐出伊甸園，從此雖然努力想創造複製樂園，卻仍飽嘗「失樂園」的不安與流離。隨著城市文明不斷蓬勃發展，生活空間中的自然綠地相對地減少，為了尋找失去的伊甸樂園，人們在都市中設立公園空間，讓可憐的都市人可以稍微體會樂園的寧靜。

巴黎的盧森堡公園，在白色石雕、綠色樹林下閱讀，顯得十分愜意。

微風中的自在

紐約中央公園可說是現代都市自然公園的典範，許多紐約人都說：如果紐約沒有中央公園，他們就不知道如何在紐約活下去了！這種說法一點都不誇張，在摩天大樓林立的紐約曼哈頓區內，緊張與壓力讓都市人透不過氣來，密密麻麻的摩天大樓構成了一座巨大的水泥叢林，幸好有中央公園的綠意，提供了一處「都市之肺」，不僅讓紐約人可以歇息喘氣，同時也對淨化都市空氣有極重要的作用。

在電影《綠卡》（Green Card）中，男女主角為了衝破擁擠的車陣趕赴移民局辦公文，手牽手直接穿越中央公園，片中猶如森林般令人迷醉的自然風情，很難讓人相信這裡竟然是曼哈頓的正中央。每到週末假日，紐約人會相約到公園中運動休閒，溜直排輪、騎腳踏車、野餐、或只是坐在樹蔭下讀書，體驗自然微風吹拂下的輕鬆與自在。

昔日的王宮貴族為了享受異國風情，以及免除舟車勞頓之苦，就在自己的領地內創造出世界各地的湖泊、山丘、城堡、森林，甚至飼養著珍禽異獸，騎馬悠遊其中，打獵追逐玩樂。事實上，整個園林就是世界的小縮影，這些王宮貴族幻想著自己在封閉的園林中周遊列國，彌補他們無法真正到遙遠東方旅行的夢想。這些封建時期的貴族園林，在民主時代逐漸開放，甚至成為都市中難得的寬廣公園，使得現代都市居民也可以共同享受貴族級的綠地空間。

位於維也納市區的普拉特（Prater）公園正是個最好例子。這座昔日王宮貴族的狩獵場，有著寬廣的草原與森林，在開放成為市民公園後，每到週末假日，維也納人就到此享受開闊綠原的自然美景，有些人還像過去的貴族般騎著駿馬漫步其中。我在這個公園中騎腳踏車筆直地向前行去，騎了一個小時竟然還未看到盡頭，索性坐在樹下，倚著樹幹，拿出一本名為《音樂家的下午茶甜點》的趣味書，悠閒地翻閱，直到清爽的微風將我催眠。

Aphasia攝影

寧靜幽雅的戶外讀書室

　　巴黎市區的盧森堡公園更是喜歡閱讀者的快樂天堂。在一個週日下午，我從拉丁區的大學城，漫步到附近這個幽雅的都市公園，園內除了法式的庭園設計之外，最特別的是到處矗立著藝術雕像，這些白色石雕在綠色樹林的陪襯下，顯得十分雅致。連水池也安靜地像一面鏡子般，池畔有出租讓孩子們施放的帆船玩具，不用任何機械動力，小孩拿著小木棒，用力將帆船從水池一端推向另一端，有時候輕拂的微風會將帆船送到較遠的地方，停佇在池中央，讓小孩搆不著，只能在池邊乾著急。這遊戲單純原始又不製造噪音，很適合這座公園的恬靜氣氛。

　　盧森堡公園還十分人性化地在各處放置著舒適的鐵椅子，這種鐵椅子堅固沉重，不怕風吹日曬，也不怕市民天天折磨它，更重要的是，巴黎市民並不會將這些椅子偷走，拿回家使用，因此每一個到這座公園的人都可以找到一個自己喜歡的角落，以及一把等待他的堅固鐵椅。我發現幾乎每張鐵椅上都有個人自得其樂地抱著一本書。巴黎人愛書的程度，讓這座公園成了戶外的讀書室。不論是在雕像座下，亦或是在花圃周邊，都可以看見人手一冊，悠遊書海。

　　國內的公園設施在強人時代裡，多半以宣揚政治理念或歌功頌德為目的，因此常見公園的正中心地帶，矗立著偉人的銅像，並有「效忠領袖」、「反攻大陸」等標語，使所有進入公園中的人都可以感受到政治人物的「德澤」，也因此這些政治公園不僅未能讓人輕鬆休閒，反倒讓人時時飽受政治宣傳與監控壓力。在這些公園中，除了誦讀蔣公遺訓或三民主義之外，似

乎很難有什麼詩意的想像。

　　不過在解嚴之後，國內許多公園也出現了空間解嚴的動作，公園中的蔣公銅像紛紛被推倒，或以較不具政治意涵的公共藝術品取代。那些被拋棄的銅像，不知該擺在哪裡？曾經有人建議將所有被丟棄的蔣公銅像都集中放置在陸軍官校校園一角，成立一座戶外博物館，畢竟他是陸軍官校的創辦人。但現實生活中，的確有人在收集蔣公銅像，那是復興鄉的鄉長，他希望在蔣公常去的復興鄉角板山成立博物館，緬懷蔣公過去的點點滴滴。

在公園裡讀詩

　　位於台北市松江路的松江詩園是最早被改造的市區公園，改造過程中，政治銅像被詩人雕像所取代，標語口號被詩歌頌詞所替代。整座公園地板上鑲刻著優美的詩文，市民在公園步道中，可以一邊吟詩、一邊散步，若真的每天在松江詩園中漫遊，相信文學氣質必定會大大增加。雖然這是台北市區少數刻意塑造的文學風格公園，立意良好，卻並不保證就會有許多人到此享受讀書之樂，畢竟整個公園太過於人工化，缺乏空曠的自然綠意，無法吸引都市人前來休閒閱讀。

　　位於永康街的永康公園則是政治公園改造的另一個有趣例子。永康街是居民背景豐富的社區，這個社區同時也造就了整條街飲食業的豐富。過去在永康公園中心豎立著一座蔣公銅像，周邊則散置著溜滑梯等兒童遊戲設施，以及一座公廁；當一條鄰近巷道即將擴建的提案出現時，因為必須砍掉公園整排綠樹，引起了社區居民的嚴重關切，積極表達反對意願，最後使得巷道擴建胎死腹中，綠樹被保留下來，公園內部也照著居民的意願開始改造。

　　首先移走原本位於公園正中的銅像，取而代之的是一座圓形的舞台，象徵著公園的功能已從政治的歌功頌德轉移成市民的休閒娛樂之用；公園的重心，如今成了社區的全體市民。那座蔣公銅像並沒有被丟棄，為了社區內族群的彼此尊重，只被移到樹下乘涼，美其名是讓蔣公在樹下好好休息一下。公園周邊也退縮成行人走道，讓行人與擁擠的車輛不再混亂交錯，可以安心的散步；公共廁所則利用植栽環繞，景觀上綠意盎然，同時也獲頒「優良廁所」的殊榮。如今每當假日，居民和訪客在此輕鬆愉快的活動，成為台北市區最受歡迎的公園之一。

　　事實上，台北市區最吸引我去閱讀的公園，是位於天母磺溪畔的天母公園，這座公園在我兒時可是十分受歡迎的，如今因為周邊逐漸沒落蕭條，

巴黎的盧森堡公園中，每個人都自得其樂地坐在鐵椅子上閱讀。

公園反倒清幽了許多。我最喜歡在黃昏，帶著小說走入公園裡，找個好角落閱讀，巨大的榕樹蔽天，為我帶來清爽涼風，溪畔潺潺流水，抒解內心的壓力，雖然有時會陷入打盹的狀態，但卻是人生中難得的舒緩。

　　如今，不論到哪裡，只要找到一座舒服自然的公園，我都會帶著一本書前去拜訪它，享受公園中閱讀的輕鬆樂趣。你也可以試試看！■

本文作者為作家

閱讀在移動中

文‧圖‧李欣頻

1. 步行

以自己有限的肉身蠶食著無限的大地，把自己放進一種可以控制的速度裡，正在走路的我，最肆無忌憚。

我經常邊走邊吃，邊走邊發簡訊，邊走邊看地圖，邊走邊看漫畫。高木直子的《150cm life》是我走在忠誠路上時看完的，然後以自己的身高，158公分的視線丈量著眼前的世界，哈比人的行走樂趣，從書中延伸到我的現實生活。

在異國因路徑不熟，不敢冒生命危險邊走邊看，通常手上拿的是可以斷章取義的《Lonely Planet》，或是大張到可以把自己的慌張遮住的城市地圖，然後把自己融化在美麗的布拉格街橋裡，亦或在喧鬧不睡的紐約曼哈頓中，努力辨識著路名、店名，以滿足一個個好奇心的生生滅滅。

在逛博物館時，手上拿著館藏簡介，就成了不耐聽耳機導覽的我唯一的救贖：《Egyptian Museum》成了我在開羅埃及博物館裡，獨自探險的藏寶圖。尼采《希臘悲劇時代的哲學》，是我在登進雅典衛城博物館前，每一次歇腳時逗點般的讀本。

如果手上沒有必須急著找到自己定位的圖與書，那麼美麗的歐洲櫥窗，就是一本本展現誘惑的書，有著品牌、樣式、價目、折扣……，這種隨著慾望流動的閱讀動線，會因為店打烊或是信用卡刷爆而戛然中止。

最有趣的是看人。我喜歡在摩洛哥的街上，讀著彩色長袍下男人女人的祕密；喜歡在希臘聖特里尼島上的小店裡，讀著年輕老闆不可一世的藝術氣息；喜歡在丹麥新港的酒吧裡，讀著年輕情侶的曖昧與心機；喜歡在威尼斯的聖馬可廣場上，讀著露天咖啡座飄來的香味；喜歡在西班牙巴塞隆納街上，讀著高第發了瘋的夢幻建築線；喜歡在粉櫻的京都裡，以步行的速度，細讀著金閣寺、平安神宮、清水寺的活歷史。

2. 巴士

在巴士上能不能舒適地看書，要看該國的經濟水平而定。比方在西藏的公車上，為了不讓自己在顛簸的路況中身首異處，得用盡全身力氣抓住把手，自然不可能看書；在班次極稀少的肯亞巴士上，怕自己錯過站（在非洲迷路絕對是一種極恐懼的惡夢），得全神貫注地一一核對站名，當然也沒那興致看書；在香港的巴士上，窗外盡是林立的美食甜品店，為了保險起見，胃的停靠站就交給手上老饕寫的香港美食指南來決定；在美國波士頓直達紐約的巴士上，就需要一本很容易入睡的書，比方常用會話《旅遊英語Travel Pass》，何時睡著了可是一點罪惡感都不必有的。

如果是在台北的巴士上，車程超過三十分鐘的，就會選一本易讀的小說來看，比方《在天堂遇見的五個人》，偶爾可以抬頭目視一下窗外的交通進度，但頭腦還是可以繼續在劇情中，不必過度分神。

3. 火車

艾倫·狄波頓（Alain de Botton）認為：「火車對思考最有利，因為坐火車看到的景色，不像船或飛機那樣單調，速度不會慢得令人生氣，也不至於太快，讓人還可以分辨窗外的事物……思考大的東西需要大的景觀，而新的思想需要新的地方，藉著景物的流動，內省與反思比較有可能停駐，不會一下子就溜走了。」

在各種不同的移動方式中，我最喜歡火車，因為坐在椅子上就可以周遊列國，亦或許是受到彼得·葛林納威（Peter Greenaway）《塔斯魯波的手提箱之安特衛普》的電影畫面催化，將候車月台視為通往各世界的介面，準時發車的火車站即是宇宙之鐘，「現在」即是「現實」的時刻，整個火車站正在進行一場沒有結局的陰謀，擁有一張火車時刻表和一個想自由的心就可以逃亡。

所有的閱讀，從火車站開始。我們得讀懂密麻繁複的時刻表、決定好要到達的目地、問對方向與月台，找到車廂與座位，如此，我們就可以坐在風景與風景之間，好好地看一本書……。在趕往開羅的返程夜車上，埃及的夕陽在窗邊逐漸消失，我手上的《千年一嘆》，也從衰弱的日光移向了安靜的月光；在西班牙前往達利美術館的火車上，《達利談話錄》成了我提前神往達利的捷徑；在瑞典斯德哥爾摩往北極圈方向的火車上，我看的是哈尼夫·庫雷西（Hanif Kureishi）的《全日午夜》，也讓我想起曾看過一部電影，一對熱戀男女在瑞典的火車包廂裡連夜做愛，任由窗外美麗的風景一直飛速地後退，而我，一個人在瑞典火車包廂裡，連頁看著各種偷情的故事，只需在篇章之間，抬頭起來看一下窗外山水奔馳的最新進度即可。

最愛的是Eurostar的豪華頭等艙，從倫敦直奔巴黎，在舒適的座椅上看書，自然有著皇室貴族般的優雅，這個時候，《拜倫抒情詩選》或是Frederic Clement的《巴黎情人》，就可以讓靈魂在這兩個城市之間先行遊覽數回，一句「眼皮跳動。1115年夏日。幸福的預兆……」，就為即將浪漫開展的巴黎之旅，找到一段最美的啟示。

4. 地鐵

地鐵,對於一個不會開車的我而言,是有限度心想事成的範圍,比方巴黎地鐵圖就是我與法國邂逅的途徑,想在這些路徑之外出軌,就得花計程車費的代價;比方瑞典斯德哥爾摩的地鐵,裡面的壁畫成了世界上最長的藝廊,讓我的驚喜流動在一個現代的洞穴文明之中,不平的壁面成了有景深的街貌,牆上映演著人與城市的風情萬種。等地鐵不再是目光呆滯地與時間消磨,而是一種有趣的感官洗禮,所以在這些有趣的異國地鐵中,完全沒有拿起一本書來打發無聊時間的想法。

在人塞人的東京地鐵上,能順利擠進時間一到就關門的地鐵中,就已經是很大的福報了,更別說是有一個座位,這也難怪一本《如何在地鐵搶得座位》的書會大賣,因為書上告訴我們,要選在即將到校的學生旁,或是正趕忙補妝的女人身邊,如此就可以馬上有位子可坐,所以這樣的書,可以在等地鐵前的幾分鐘內惡補完畢。

在早上趕往開會或演講的台北捷運上,我會帶的是《你是做夢大師》、《夢境地圖》、《解夢百科全書》,趁我還記得昨晚夢境的細節時,為自己解夢,因為我的夢有很強的預言力,我得在今天開始之前,即時解讀出神諭的警告或是指示。

如果是在傍晚等台北捷運,我手上拿的會是《探索意識極境》或是《奇蹟課程》,因為我脊椎受過傷,不宜久站,所以除了之前提到的《如何在地鐵搶得座位》外,其他的就得靠神蹟,在尖峰時刻以念力祈求一個座位休息,到目前為止,在捷運裡心誠則靈的恩典都是立即見效的。

5. 輪船

　　船上是最適合看書的，特別是在逛一圈之後，認清沒有豔遇的可能時，就會認命地拿出一本長篇小說出來打發時間，比方《哈利波特》、《達文西密碼》、或是Michael Crichton的《時間線》（*Timeline*），讓自己長時間窩在狹窄的船艙裡，靈魂得以自由穿梭在一場場無邊際的異想世界中，直到入睡。

　　如果是在挪威蓋倫格峽灣的渡輪上，那麼身為觀光客的我，就捨不得放著窗外的美景不看：小木屋、小教堂、小木船、小港口……都等比例地複製在湖裡，偶爾有一兩筆寫意的白瀑劃過山巒，就足以引來一陣小小的驚喜。當前方有轉彎，船大角度地划去，強烈的水波擾亂了湖中的倒影，波光粼粼的湖面，變成了一幅弧線與層次交疊的超現實畫作，動感的美令我當場啞口無言；轉彎後瞬間開闊的峽灣山壁綿延，彷彿是上帝大筆揮毫的得意傑作，沒有累贅的線條，只有大面積的色塊震憾──如此大氣派的山水局勢，就像艾倫・狄波頓引述葛雷《書信集》所說的：「不必多費唇舌，有些景觀可以使無神論者心生敬畏，相信上帝的存在。」於是，在湖上的我們成了臨摹的畫家，所以手上需要的是一本已經寫好詩句的筆記書，隨著船行於水上的速度，把美景繪進書頁裡，或是一本風景明信片書，把所有的感動寫在明信片後，下船時一張張撕下來寄給友人情人。

6. 飛機

離開愛人有一千種方法，離開飛機艙，只有六個逃生的出口。

我喜歡坐飛機，因為安全帶可以把過動的我綁綁在有編號的座位上，讓一聽到電話、掛號、快遞、按門鈴就躁動的我，有一個與世隔絕，避免激動的讀書環境。沒有人能連絡上正在三萬英呎高空中的我，我也就死了不甘寂寞的心，無怨無悔地專心看書、寫字、想人生。

我喜歡一個人坐飛機，能和有緣的陌生人比鄰而坐。因為半生不熟，所以睜眼閉眼、半偷窺半睡覺，醒時保持距離、睡時無意變有意的碰撞、亂流時共患難的關係，讓很多男女主角的愛情故事，不約而同地從坐飛機開始……。如果與鄰座者一見鍾情，那麼就請專心閱讀《我談的那場戀愛》，浪漫宿命主義者艾倫‧狄波頓，在書上努力計算出了兩人會在飛機上比鄰而坐的機會是1／5840.82，他堅信一定是在三萬英呎高空中，有人動了這場邂逅的手腳。

如果身邊已經有了想託付終生的情人，那麼，手上應該要拿著《愛在大腦深處》、《創造愛的道路》、《不斷幸福論》……之類的光明書；如果想與旁邊的怨偶分手，《甩了那個王八蛋》、《完全惡妻殺夫手冊》、《家畜人鴨俘》……這些具有恐嚇效力的書名，成了金剛無敵百害不侵的護身符。

如果身邊沒有可以分心的對象，只剩我與書大眼瞪小眼地獨處時（一年出國五、六次的我，在飛機上閱讀的時間，比在書房中還多），除了即將進行的旅程資訊書之外，我還會選擇看心靈汰換的書：Tara Bennett-Goleman以專注智慧解脫八萬四千情緒的《煉心術》，可以順勢把我的舊靈魂、舊習性沿途留在空中，讓雲帶走。或是在亂流或被劫機時，隨機拿出來惡補的《與無常共處》、《人生的9個學分》、《死前要做的99件事》、《西藏生死書》、《聖經》……，以這些書做為在地球上所讀的最後一本書，應該能留下比較安詳的遺容。

本文作者為作家，圖片選自《北歐：湖與童話繽紛的王國》，晶冠出版

讀書場所
4 元素

文—繆沛倫　　插畫—滿腦袋

　　希臘哲學家亞里斯多德承襲古希臘的哲學思想，認為這個世界的所有物質均由「火、土、風、水」這四種元素組成，這不但奠定了西方化學的基礎，而且經由他對四元素的哲學解釋，使得日後的神祕學發展也依循了這個起源，成為正統科學之外的另一個分支。

　　其實由日常生活中的種種習慣就可以測出你屬於這四元素的哪一種人，每一種元素的人各有不同的性格屬性，讀私房書，選私房場合，用私房法寶。現在就來跟我們一起過五關，看看你是哪種讀書人。

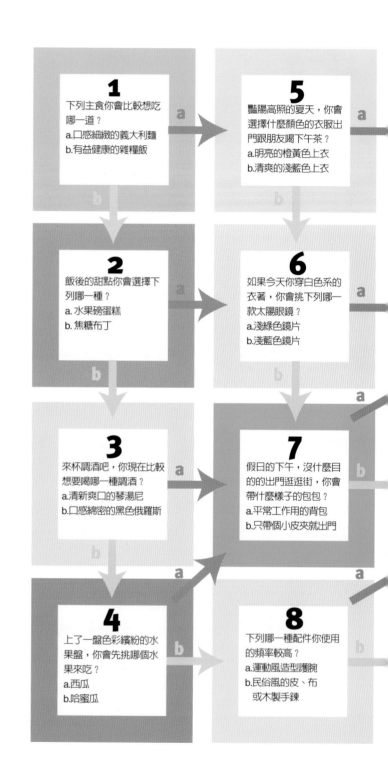

1
下列主食你會比較想吃哪一道？
a.口感細緻的義大利麵
b.有益健康的雜糧飯

2
飯後的甜點你會選擇下列哪一種？
a.水果磅蛋糕
b.焦糖布丁

3
來杯調酒吧，你現在比較想要喝哪一種調酒？
a.清新爽口的琴湯尼
b.口感綿密的黑色俄羅斯

4
上了一盤色彩繽紛的水果盤，你會先挑哪個水果來吃？
a.西瓜
b.哈蜜瓜

5
豔陽高照的夏天，你會選擇什麼顏色的衣服出門跟朋友喝下午茶？
a.明亮的橙黃色上衣
b.清爽的淺藍色上衣

6
如果今天你穿白色系的衣著，你會挑下列哪一款太陽眼鏡？
a.淺綠色鏡片
b.淺藍色鏡片

7
假日的下午，沒什麼目的的出門逛逛街，你會帶什麼樣子的包包？
a.平常工作用的背包
b.只帶個小皮夾就出門

8
下列哪一種配件你使用的頻率較高？
a.運動風造型護腕
b.民俗風的皮、布或木製手鍊

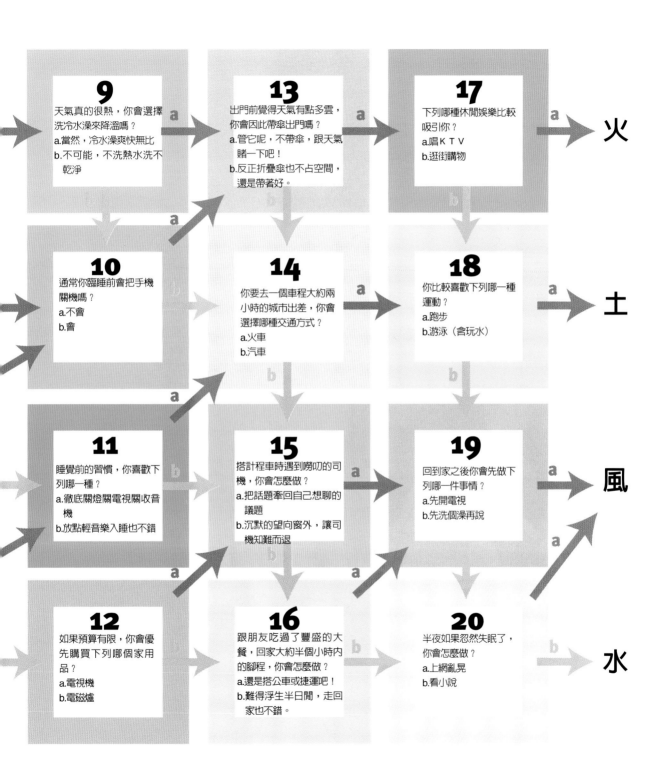

9

天氣真的很熱，你會選擇
洗冷水澡來降溫嗎？
a.當然，冷水澡爽快無比
b.不可能，不洗熱水洗不
　乾淨

13

出門前覺得天氣有點多雲，
你會因此帶傘出門嗎？
a.管它呢，不帶傘，跟天氣
　賭一下吧！
b.反正折疊傘也不占空間，
　還是帶著好。

17

下列哪種休閒娛樂比較
吸引你？
a.唱ＫＴＶ
b.逛街購物

火

10

通常你臨睡前會把手機
關機嗎？
a.不會
b.會

14

你要去一個車程大約兩
小時的城市出差，你會
選擇哪種交通方式？
a.火車
b.汽車

18

你比較喜歡下列哪一種
運動？
a.跑步
b.游泳（含玩水）

土

11

睡覺前的習慣，你喜歡下
列哪一種？
a.徹底關燈關電視關收音
　機
b.放點輕音樂入睡也不錯

15

搭計程車時遇到嘮叨的司
機，你會怎麼做？
a.把話題牽回自己想聊的
　議題
b.沉默的望向窗外，讓司
　機知難而退

19

回到家之後你會先做下
列哪一件事情？
a.先開電視
b.先洗個澡再說

風

12

如果預算有限，你會優
先購買下列哪個家用
品？
a.電視機
b.電磁爐

16

跟朋友吃過了豐盛的大
餐，回家大約半個小時內
的腳程，你會怎麼做？
a.還是搭公車或捷運吧！
b.難得浮生半日閒，走回
　家也不錯。

20

半夜如果忽然失眠了，
你會怎麼做？
a.上網亂晃
b.看小說

水

火型讀書人

讀什麼書，在什麼場所讀書對你而言都不重要，重要的是你一拿起書不讀完就不肯放手。不過相反來說，儘管興頭高的時候衝勁十足，三分鐘熱度過後，手上這本書就有可能被你打入冷宮，恐怕也就再無翻身之日。

所以買一台攜帶方便的PDA對於火型的你而言是最適合的了，用PDA看各種電子書，讓你不但可以隨時坐著看趴著看倒著看，隨時隨地想看就看。就算這本書的熱度過去，下載另外一本電子書即可，行動力超強！

土型讀書人

這麼說吧，不管你喜歡讀什麼書，但是你必然遵守「一時、一地、一物」的定律。你讀書的場所不是家裡的書桌，就是圖書館，如果在床上讀書的話，也必然固定在左側或右側，如果失去了這個規律，恐怕你會心浮氣躁什麼也讀不進去。

對於喜歡安定與實際的土型讀書人而言，一盞溫暖的燈光可以安定他的情緒，而且這個有光的角落不但有助於視力保健（土型的讀書人是很重視視力健康的！）而且固定的光源與地點更可以增強對閱讀物的理解力（土型讀書人也很實際的關心他讀進去的東西！）所以不妨挑盞光度適當的燈，增加你的閱讀功力。

風型讀書人

仔細想想，恐怕你看電視、看報紙的時間比讀書要多一點，因為對於知識採雜食主義的你而言，攝取五光十色的各種知識比深入品味閱讀來得有趣的多。因此你最適合的閱讀場所是在各種交通工具上，一邊讀著書，讀完了也到了目的地，一點都不浪費時間。

對於風型的讀書人而言，專心閱讀是種浪費，因此儘管總是在交通工具上面閱讀，耳朵也不會閒著，不妨搭配一個隨身聽，一方面可以過濾公共場所的雜音，而且眼睛讀了書，耳朵也聽了音樂，一心二用，讓大腦充分發揮最大使用率。

水型讀書人

代表感性的水型讀書人最重浪漫氣氛的營造，連讀書的場所都要注重情境，也許是春花盛開的公園，也許是別具風格的咖啡店，在這樣良好的場合展卷閱讀，才是你最大的享受。

對氣氛格外講究的水型讀書人而言，氣氛好很重要，若氣氛不對便會若有所失。比如明明外面看起來很不錯的咖啡店，走進去之後又不知道哪裡不對勁。建議水型讀書人不妨隨身帶一小瓶自己喜好的香精油，在耳後手心抹一下，自己幫自己製造一個宜人的環境，閱讀享受不假外求。　　　　■

本文作者為占卜師、文字工作者

與閱讀環境有關的50本書
4本和其他46本

與閱讀環境相關的網站推薦詳細介紹與內容，請上網查閱，網址為：
http：//netandbooks.com/Taipei/magazine/no18_readingplace/web.html

《書天堂》 鍾芳玲／著 （遠流）

一個真正的愛書人，一定也會愛所有與書相關的一切。這個一切，包括書籍有形無形的本身，包括任何有所關聯的事物，諸如書衣、書店、書架、書梯、圖書館、公園、咖啡館、機場、電影、拍賣會等等，除此之外，還有與這些有關的人，不論是書中的傳奇人物或者唱片行老闆、電影導演、作者……，以及所有可以猜想或者無法想像以某種方式與書產生連結的人。

本書作者鍾芳玲說，書的所在，就是天堂的所在。因為愛，所以其中累積的是愛書人滿滿的幸福。這本書就是她用了十數年的時間，尋找天堂的紀錄。

在這天堂中，她遇見許多因為熱愛書籍而完成、實現夢想的人與事，如迷上古董書而成為藏書家的約翰‧瓦納克（John Warnock），為了讓更多人能感受古籍之美，而研發古籍數位化；還有為書做衣服以紓解藏書家「書衣情結」的馬克‧泰力（Mark Terry），或者讓書癡可以真的吃書、展現書籍另類藝術的藝術家；她也神交留下許多傳奇故事的讀書人，如愛德華‧紐頓和掌管國家圖書館的波赫士。另一方面，她追蹤天堂中無所不在的書痕跡，除了書房、客廳、餐廳、臥房、廚房、浴室，在廚具與餐具精品店、蠟燭店、布料店，她看到驚奇的書蹤，她研究機場的書店品味，電影中的書店浪漫，古書嘉年華會的精采，圖書館中深藏不露的絕品，當然，還有世界各地一家家令人難以忘懷的書店。書在哪裡，她在哪裡，讀者也跟著到了哪裡。（莊琬華）

《閱讀地圖》（*A History of Reading*）
阿爾維托‧曼古埃爾（Alberto Manguel）／著　吳昌杰／譯 （臺灣商務）

這不是一本如資治通鑑般，從三皇五帝一路寫下來的閱讀編年史，而是一本多頭並進、分五路伐蜀的閱讀紀錄大會師。作者將「閱讀」切割成二十一種面向，並細說每一面向的源頭與行進的方位。同時藉著作者本身的博學強記，巧妙地結合這些閱讀面向，架構出一種屬於西方的閱讀體系。

中國人對於文章賦予「文以載道」的功能，西方人則是透過閱讀聖經，來達到自我救贖的必要。吾人自不必背誦聖經首刻的年代，也不必去記憶羊皮卷發明後的影響。我們所要注意的，是聖經──基督教這個因素在這二十一種閱讀的面向中或明或暗的幽游著，並且偶爾踢出一腳，改變了原本即將流去的方向。

本書由大名鼎鼎的波赫士朗誦開始，一連串下來，分析了文字是如何透過眼睛裡的黑影殘

留，進入了讀者的腦海；比較了早期與現代閱讀方式的差異——大聲的朗讀，到了現在這麼做只會換來一頓白眼。書中也討論了文字的紀錄，由泥版、羊皮紙、蠟刻字版一直到印刷術發明等各階段，以及作家本身就是讀者、譯者本身也是讀者的原由。作者並告訴我們，眼鏡如何由知識的象徵，演變成為書呆子的標籤，還有，書呆子的七種類型。

在這些閱讀面向的分析當中，我們亦可以頻頻看到但丁、歌德、卡夫卡、喬叟、蘇格拉底、惠特曼等來去穿梭。閱讀本身雖然充滿樂趣，但是就某種角度，卻又是充滿孤獨及被鬥爭的壓力。在這些人之後，能夠閱讀是幸福的，也是必要的啊。（林良騏）

《過於喧囂的孤獨》（*Přiliš hlučná samota*）
赫拉巴爾（Bohumil Hrabal）／著　楊樂雲／譯　（大塊）

「三十五年了，我置身在廢紙堆中，這是我的love story。」

本書開頭的第一句話有如磁石，令人不由自主地就此陷入老打包工漢嘉的地下室，那裡瀰漫著腐爛發霉的臭味，成百上千的耗子在其中作窩，腳上沾著血水的綠頭蒼蠅成群發瘋似地飛旋。中央有一台壓力機，漢嘉用它將數以噸計的廢紙和形形色色的垃圾，以及來不及逃離的小耗子們，一起擠壓、碾碎、打包。

然而老漢嘉愛他的工作。因為廢紙長河中總能發現幾條美麗的小魚，也就是幾本珍貴的書，他總是被它們的光芒逼得無法直視，小心翼翼地拾起，翻開書頁，聞它的香味，然後才細細品嘗：「把美麗的詞句含在嘴裡，嚼糖果似地嚼著，品烈酒似地一小口一小口地呷著，直到那詞句像酒精一樣溶解在我的身體裡。」

老漢嘉以宗教家的情懷和藝術家的手法來打包，他在每個包的正中央放進一冊攤開的名著，在外頭裹上一幅名畫的複製品。梵谷可能包著康德、塞尚可能包著尼采，只有老漢嘉知道；耶穌、老子在壓力機旁徘徊，只有老漢嘉看見。他在這個地下天堂之中，體悟了世上一切事物都「朝著本源前進」又「向著未來後退」，也體悟了「天道不仁慈，但也許有什麼東西比這天道更為可貴，那就是同情和愛。」最後，老漢嘉和他心愛的一切徹底地合而為一。

這本書源起於赫拉巴爾年輕時的打工經驗，醞釀二十年，全盤改寫三遍，他甚至說：「我之所以活著，就為了寫這本書。」全書以幽默妝點悲痛，戲謔卻又誠懇。書中漢嘉說：「如果我會寫作，我要寫一本論及人的最大幸福與最大不幸的書。」顯然這就是赫拉巴爾創作本書的初衷。中文版譯筆的流暢達意也功不可沒。（蔡佳珊）

《逛書架》 逛書架編輯小組／編（邊城）

書架，是讀書人一種閱讀脈絡的有形紀錄，是書主人個性完全表露的窺探之窗，在其中，也堆疊出愛書者一生的寶藏。這些莫不引起人的好奇，就像我們想知道某某偶像明星的家中擺設，去推想他／她的生活模樣。所以，逛書架，除了看書與空間，更不懷好意的目的是，想要看看這個人。

比方說，張大春，除了作為一位小說家，他同時還是評論家、說書人，他的博學多聞，幾乎讓讀者、聽者莫不目瞪口呆，到底為什麼他會有源源不絕的故事，看他單一樓層的「書倉庫」，就可以窺見他百科全書式的閱讀習性以及對知識的廣泛興趣。看教授洪禎國的主寓

所的藏書，以及一間當作特別藏書室的「後宮書塚」，不熟悉者任意抽出一本書都可能導致書堆崩落而活埋其中，他買書與藏書的瘋狂令人咋舌，對於閱讀的熱情更令人望塵莫及。而什麼書架能夠好看、好玩、好吃、好有味道？謝碧鶴滿書架的食物主題書籍，任意翻閱其中一本，頓時就讓口齒生津，遑論當那些食物從書架主人手上端到面前時候的驚喜。而當書籍與音樂相遇的時候，又會產生什麼對話狀況，朱中愷那滿架子的住民，會爭先恐後七嘴八舌的表露出來。還有建構書的萬神殿的陳建銘、擁有眾樂樂王國的馮光遠、生活在書縫隙間的耿一偉、用書寫病歷圖的陳蒼多……在一本本書裡／外，隱藏且宣揚他們的靈魂。

逛書架編輯小組除了訪問，還旁敲側擊地建構出書主人與書的情感，特好心的挑出讀書者自剖的書架前塵後事，真情流露，比之觀察，多了份人書之間更親密的相互感召。（莊琬華）

《東亞四地：書的新文化》加藤敬事等／編 （網路與書）

東亞四地，包括台灣、中國、日本以及韓國，這四個國家曾經擁有共通的漢文字歷史與出版文化，那麼，在現在的出版現況裡，這四個國家有沒有彼此借鏡的地方？這是本書出版的前提。

本書除討論四國書的出版文化，也討論書的設計、閱讀文化及出版面臨到的難題。例如面臨出版大崩壞的日本，他們如何因應？台灣也會面臨這種窘況嗎？再如，南韓的網路小說往往締造銷售佳績，其他國家有可能效法嗎？網路在出版所扮演的位置及角色，以及大陸出版所面臨的多重禁忌，有解禁的一天嗎？

這些問題，在短時間內，誰都無法給予明確答案。但本書是個起點，也是思考未來東亞出版的重要參考之一。（詮斐）

《閱讀的故事》唐諾／著 （印刻）

這是一部個人的閱讀史——有關唐吉訶德式的閱讀。

博學者一如唐諾還是會有個人的閱讀焦慮。在其書寫實踐當中，他對讀者也對自己拋出了一連串的執拗提問：怎麼閱讀？好書越來越少怎麼辦？書讀不懂怎麼辦？太忙了沒空讀書怎麼辦？這些我們漫行在閱讀密林中偶爾也會萌生的小小疑惑彷彿突然間變成了風車怪獸般的壓將而來，逼得我們不得不披盔繫甲，提槍策馬的迎向前去。閱讀的世界絕不是非此即彼、截然二分的世界，而是比較接近於夾在兩者之間的淨界煉獄。在不同的時地、不同的場域，捧讀同一本書的感覺絕對會是兩回事；而那全憑繫著你自身的理解與想像力。每一次的閱讀開啟的不正是另一段新的冒險旅途嗎？（羅喬偉）

《禁書》（100 Banned Books）
卡洛萊茲（N. J. Karolides）、伯德（M. Bald）、索瓦（D. B. Sova）／著　吳庶任／譯 （晨星）

閱讀本書所羅列的一百本禁書，令人想起人類史上最大規模禁書行動的主使人：秦始皇。如果他當真全面成功，現在我們就只剩醫藥、卜筮和種樹三種書可以讀了。所幸，禁書的悖律是越禁越暢銷。從前被列為黑名單的作品，許多甚至都成了經典名著，難以想像這些書竟曾躋身禁書之列。《尤利西斯》？《一千零一夜》？《頑童流浪記》？《聖經》？你可知福婁拜曾被說成是春宮作家，達爾文遲遲不敢發表《物種原始》，歌德因維特而聲名狼藉，原因是他「鼓勵自殺」。本書詳細介紹上述這些因性愛、宗教、社會與政治因素而遭禁作品的刪禁始末，並得到「無論如何審刪，到頭來終究是徒勞無功」的結論。十分值得有關當局參考。（蔡佳珊）

《買書瑣記》范用／編 （三聯）

本書精選六十多位愛書人買書、訪書、藏書的文章，分為上、下編，上編是在中國的買書記，下編則是域外買書的故事。除了編者是名家之外，作者也多是名家，如魯迅、朱自清、施蟄存、郁達夫、周作人、唐弢、巴金、戴望舒、黃裳、鄧雲鄉、金耀基、董橋等，可謂一時之選。在坊間同類編選書話中，本書應該是陣容最為齊整的，內容也非常精采，愛書人對書的依戀，買書時的奇遇，和店家往來的故事，令人讀來津津有味。（徐淑卿）

閱讀的文化

《圖書館的故事》（Library：An Unquiet History） 馬修·巴托斯（Matthew Battles）／著　尤傳莉／譯（遠流）

儘管最早的圖書館乃是為了政治目的所建造（亞歷山大欲壟斷知識資本而規劃策畫），不免有些菁英意味，然而隨著數世紀的演變革新，製紙及印刷術的漸趨完備，激增的書籍數量和種類終迫使圖書館必須調整自身位階，於焉實現其公眾開放的可能。

但是，書籍與圖書館，也曾見證人類的愚昧：在古代的中國，秦始皇下詔號令焚燬一切儒學著作；在托勒密王朝時代，亞歷山卓壯觀的圖書館曾一度毀於兵禍；在發現新大陸後不久，阿茲特克的異教典籍亦成了屢遭征服者燒燬的對象；甚且至二戰期間，那惡名昭彰的納粹焚書罪行。任職於哈佛大學霍夫頓圖書館的馬修·巴托斯以長年實務經驗與研究，撰寫了《圖書館的故事》，記錄下歷史之流中這些曾經存在的事蹟。（羅喬偉）

《空間詩學》（La poétique de l'espace）
加斯東·巴舍拉（Gaston Bachelard）／著　龔卓軍、王靜慧／譯（張老師文化）

家是我們最親密的閱讀的所在，也是我們的第一個宇宙，即使是最寒愴的陋舍，也具有詩意空間。本書作者開宗明義就這麼說。這也就是為什麼即使童年的家屋早已不在，我們還是能在記憶深處，找回過往家屋的模樣，並且重溫溫馨的幸福感。家屋是人們思維、記憶與夢想的力量之一，從抽屜、衣櫥，從地窖到閣樓，全部充滿各種意象與心理狀態。

將家屋的物質空間轉化為詩意與心理空間，是這本書的迷人之處，但也是不易讀懂之處。因為其中含雜空間學、想像學、建築學及現象學，必須細細體會。但是，作者處處如詩般的書寫形式，確實洋溢著無可比擬的魅力。（詮斐）

閱讀的隨筆與小說

《書趣》 奚椿年／著（山東畫報）

《書趣》正如其名，在書裡生出樂趣，共有「書史」、「著書」、「藏書」、「讀書」四部分。原來中國即有藏經之塔，佛學與版本學可在裡頭覓得重要史料；再見諸個人，愛書人為自己的書房題名，以書為名，或以其志向或治學態度為名，或是反映時代變化，如魯迅一度使用「綠林書屋」為室名。再縮小至書本這一微小空間內，刻於烏龜殼與牛胛骨之文字，即為今日熟知的「甲骨文」，簡冊與書帛又是另一種形式，至於書的裝幀更是大大反映了時代的閱讀情境與條件，作者列出了六種中國古書的裝訂式樣。

作者為讀者引進古代讀書人的書言書話，他的博學更創造了閱讀本文以外的閱讀世界。原來，書裡有這麼多姿勢與意外之趣。（巫維珍）

《玫瑰的名字》（Il Nome Della Rosa） 安伯托·艾可（Umberto Eco）／著　謝瑤玲／譯（皇冠）

這是一本知識之書、炫學之書。中世紀修道院中，七天內發生七件謀殺，多識鳥獸草木之名的智者威廉，引領著年輕教士埃森破解謎局。老教士威廉看東西不能沒有他的眼鏡，但他對一切所見皆不盡信，而埃森年輕的心則樂於為各種新知動搖；因而最終唯他們得見真相的源頭，那是一本書：圖書館所祕藏的亞里斯多德《詩論》。

在小說中，圖書館一如玫瑰的名字，是記號、是象徵。因其保有的龐大知識，使得圖書館是唯一的處所，世人不須膜拜卻可以大膽疑禁。以為知識只為真理服務，無異是虛妄；道在尿溺，即使不以玫瑰之名，真理一樣芳香。

相較於偵探小說，本書更是寓言。故事最終大火燒掉了整座圖書館，但埃森將碎紙殘骸一一蒐集；年暮之時，藉由這些隻字片語，他仍召喚回一整座圖書館。（大君）

《開門見山色》 阮慶岳／著（麥田）

建築原本是技術層面的表現，經歷了世代積累，而蘊生出人文精神的昂揚。因此，建築與文學之間，有了對話的可能。

本書作者兼具建築師與文學家兩種身分，他在書中舉出文學家與建築師各十位，其所在時代與所屬族群範圍涵蓋了古今中外。作者以「誠實與適當」為審視建築、文學成就的指標，並且作為連接建築與文學的橋梁，將讓人意想不到的建築師、文學家，作兩兩配對的比較論述。於是，在本書中，我們可以看到華人建築大師貝聿銘與華人言情小說大師瓊瑤被擺在同一篇章中討論，連同其他九對的配對組合所激盪出的新視野，正足以呼應本書書名「開門見山色」，十足讓人耳目一新。（陳彥仲）

《新譯幽夢影》 張潮／著　馮保善／註釋（三民）

出生於官宦之家，但是一生仕途不甚得意的清初文人張潮，自小在家學淵源的薰陶下，深得讀書與生活之趣味，在這本以「語錄」形式而成的作品中，談花鳥山水、談美人文士、談琴棋書畫、談飲酒賞玩，有微言大義，有哲理逸趣，有突發奇想，有譏諷醒言。

雖處八股科舉之世，但他讀書則好閒書，所謂閒書包括「山水亦書也，棋酒亦書也，花月亦書也。」無處不可讀，因為「文章是案頭山水，山水是地上之文章」，無時不可讀，「喜讀書者不以忙閒作輟」，四時、晴雨、日夜亦皆有適讀之書，畢生可謂「閒世人之所忙，而忙世人之所閒」。（莊琬華）

《書店》（*The Bookshop*）蓓納蘿·費滋吉羅（Penelope Fitzgerald）／著　陳蒼多／譯　（新雨）

開一家書店，算是愛書人進化過程的最後階段，在眾人的想像中，作為書店老闆，不但能夠最先知悉第一手書訊，還能享受坐擁書城的快感，然而，現實與夢想間的差距，是世間不變的真理之一。經營書店，就如同經營任何一家販賣商品的店鋪一樣，與顧客之間的互動，往往耗費店主最多的心力。

本書的故事場景，發生在一個沒有書店、也沒有人期待能有一家書店的濱海小鎮，而故事主人翁選在此地實踐她開書店的理想。該書背面的宣傳詞寫著「……那個城鎮並不需要一間書店」，暗示著本書並無圓滿的結局，但這卻未必是書店真正結束營業的原因。書中塑造了幾類不同典型的鎮民，加以凸顯個別的人格特徵，將決定書店命運的原因，引導至人際關係的角力競賽上。（陳彥仲）

《時髦讀書機器》顏忠賢／著　（角色）

不一樣的開本，不一樣的字體和美編編排方式，宣示了這是一本很另類的書評集結作品。裡面的內容也是，每本書的評論都用一個很有創意的標題作開始，裡頭的文字拗口和堆疊，不熟悉的讀者，可能很難一口氣翻完。這是作者顏忠賢的風格，固執而自戀的私密告白，適合一頁一頁慢慢的領會，而不是靠著清晰的思路，正經八百去理解。或許這是閱讀書評的一種顛覆。就好像他要介紹的一本本屬性各異的書，本來就不宜速食，需要的是在不同的心境與氣氛下，好好溝通。（藍嘉俊）

《查令十字路84號》（*84, Charing Cross Road*）海蓮·漢芙（Helene Hanff）／著　陳建銘／譯　（時報）

這是必定會打動每位愛書人的溫馨作品。一位美國窮困潦倒的作家與英國書商長達二十年的往返通信，在信裡我們不僅看到愛書人獲得一本喜愛書籍的愉悅，而且也彷彿聞到倫敦古書店的氣味與老式書商的文雅殷勤。而一樣令人動容的是作者和書店成員所發展出來的友誼，海蓮·漢芙的熱情不僅只對於書本，而且也關懷這些生活於戰後倫敦艱苦環境的人，即使她自己也長期處於貧困的環境中。

這本書是一簇簇的火苗，不論任何時候親近它，都可以感受一陣暖意。（徐淑卿）

《室內光》王信智／著　（原子實業）

「光一直都在身邊，無論我在世界的任何一個地方。」

閱讀亦然。只要有光、有一個角落，或者有心，就能閱讀。嚴格說，這是一本和閱讀沒有關係的書。作者喃喃自語地寫下他對生活、對週遭人事物的感想。但這當然也是一本和閱讀有關的書，用心觀察就是一種閱讀。無論是在紐約、巴黎還是自家台北，無論對話的對象是波特萊爾或班雅明，是便利商店、流浪還是懷舊，閱讀都有一個空間背景，對應著一種無法割裂的閱讀氛圍。除了文字，書中定格了許多詩意般的鏡頭，可能是一個窗口，可能是咖啡館內的一個背影，在在提醒我們，閱讀就是要在這美好的環境下進行──無論那是一種什麼形式的閱讀。（藍嘉俊）

《書房的16種遊戲》曲家瑞／企畫　（網路與書）

誰說書房只能規規矩矩、千篇一律？本書展示了台灣當代十六位創意名人天馬行空的書房大夢，結合一個個木頭貨櫃的裝置藝術如實呈現，呈現出無疆界的繽紛想像與閱讀熱情。書房就是心靈的加油站，可以是洗手間、可以是斷頭台、可以是青果市場、可以是碧海藍天……書房不只能放書，閱讀也不限於文字。走進每個盛裝夢想的貨櫃，走進這些慧點創意人心中最柔軟的閱讀角落，聆聽他們時而清醒時而糊塗的喃喃夢囈，將是一場如沐春風的心靈旅行。（蔡佳珊）

《我的書房》董寧文／編　（岳麓書社）

中國現代的文人對「書房」這個字眼不知為何有點敏感，經常自嘲地形容自家那處只是個「用來堆書、寫字的空間」。本書介紹了五十八間中國現代文人的書房，旁白者正是書房主人，除了上述敝帚自珍的心情，文人們對書房的共同記憶，皆與中國現代史中幾段慘烈的戰事人禍糾纏不清；用以豐富書房的藏書，歷經中日戰爭、國共內戰到文化大革命，不是被焚燒毀掉，就是大批變賣到舊書市集，書房成了空殼，成了文人觸景傷情之地。

混亂的時代有事過境遷之日，文人們的書房重建的速度也不遑多讓。書中每篇文章皆附上了書房的寫真，如山堆起的書疊，不管是整齊或是凌亂，都是文人們安心之所在。（陳彥仲）

閱讀的私密空間

《方塔迴旋梯》 成寒／著（時報）

許多人到了上海，莫不尋找曾經存在，或者依然存在的張愛玲風景，想要看看這個上海如何孕育出傾世才女，又如何因她而成永恆。每一個地點、每一座房子，都有它的故事，而它的擁有者，則是延續與擴張故事的主角。

同樣的道理，到了都柏林，就得去探訪葉慈的方塔，讀那塔上詩人留給愛妻的深情詩句，或許就能分辨他的專情與多情的蘇格蘭詩人彭斯在寬闊原野上寫下的情詩有何不同的韻味；到康考特去，細耳傾聽愛默森、霍桑與梭羅是否依然在討論關於創作的種種。走一趟作家們的靈魂居所，也許在他們曾經用過的書桌上書寫，還能激發出一點靈感來。（莊琬華）

《藏書世家》 柳和城、宋路霞、鄭寧／著（上海人民）

這是十四個藏書家族的故事，包括著名的冒辟疆家族、天一閣的范氏家族、澹生堂祁氏家族、鐵琴銅劍樓瞿氏家族、嘉業堂劉氏家族與主持商務印書館的張元濟家族等。每一個家族藏書的歷程，其實敘述的是人與書的命運，既有得書的喜悅，也有像傅增湘宋刊《樂府詩集》那樣倖免劫火的奇遇，當然，也有藏書與人俱亡的憾恨。這本書敘述了藏書家族的興衰起伏與蒐書藏書的珍聞故事，不但讓我們從人的故事中，看到書籍另有其流轉的路程，同時也看到中國傳統意義上的私家藏書文化，所曾顯現的光輝。（徐淑卿）

《机上空間》(特集センスのよい「机・椅子・文房具」が欲しい!)（エイムツク）

愉快的閱讀，不只需要一本精采有趣的書籍，閱讀空間的營造也是重要關鍵，特別是與閱讀最為接近的桌子，這一方空間中，應該如何作最佳利用，呈現最舒適的感覺，是必須精心處理的。

這本特集從不同的時空需求——「回到純自我空間的夜晚」、「客廳創作的悠閒午後」、「藍天之下寫信的假日」開始，談各種文具及相關用品的蒐集與使用，有筆與筆記本、椅子與桌子的學問，有收納盒、文件夾與其他文具的學問，還有茶具、咖啡杯、時鐘、甚至是玩具的學問！移動閱讀時的書包、電子書載具，當然也是不可缺少的用品。如何從琳瑯滿目的物件中組合出自己的品味，就得由讀者細細思量，不然，參考書中文具達人的經驗談，也是方法。（莊琬華）

《回家真好》 歐陽應霽／著（大塊）

一般室內設計雜誌所展示的家，宛如一無菌的標本空間，好像是給空氣住的模型；而歐陽應霽所介紹的家，卻能把環境和居住者的靈魂，精準的抓出來，呈現一個人真實存活過的空間痕跡。本書描繪了兩岸三地各色人物的居所，他（她）們的家也如實地反映了主人的風格：有的家以廚房為核心、有的家想保留斑駁的歷史、有的家最精采的是大片窗外的大片的綠世界。家是心靈的落腳處，所以，回家真好。家也是最自在、舒適的閱讀場所，無論是在床上、書房、陽台或窗戶旁，每個人都會有一個屬於自己的最棒的閱讀角落。（藍嘉俊）

《書房的窗子》 鄭明娳、林燿德／編（正中）

在資訊爆炸的現代社會，網路占據了人們的閱讀版圖，從書報雜誌等公共媒體文字，到個人書信甚至口耳相傳的流言等私文字的閱讀，全部都可以在電腦螢幕上進行。捧著書本就燈下閱讀，彷彿成了一件復古的活動。

而本書所描寫的，正是讓現代人無從想像的古早傳奇，有些作者正經八百地論述如何讀書，其語氣像極了為應付國文科考試而K的參考書籍內容；有些作者談起自己的藏書顛沛流離於戰亂中的辛酸故事，內容遙遠得就像公視文學大戲的場景；有些作者談起自己的書桌，沒有人體工學也沒有名家設計，多的是就地取材的克難式美工，然而在上頭不知成就出多少澆灌人心的精神食糧。

你多久沒有真正讀一本書了？不妨從回憶前輩陳年往事的此書開始吧！（陳彥仲）

《自己的房間》(A Room of One's Own) 維金尼亞・吳爾芙（Virginia Woolf）／著　張秀亞／譯（天培）

「假如你要寫小說或詩，你一年定得有五百鎊的進帳，同一間門上有鎖的房間。」這裡說的「你」，特別是指女性。在作者生存的年代，女性才剛獲得選舉權，但卻仍然籠罩在父權社會之下，不僅沒能受正規教育，才智也被刻意低估輕視。以至於一位已經有相當成就的女性小說家、評論家，仍被趕離學院草坪之上，仍被拒於圖書館之外。

一個屬於自己的房間，就相對的重要，在其中，可以獨處，可以閱讀，可以自由地馳騁想像力，不受干擾的做些自己想做的事情，例如創作。吳爾芙縱橫書海，對於文學史中女性創作者的現實窒礙，舉證歷歷，而鋪陳出空間與現實不虞匱乏對女性創作能力的重要性。（莊琬華）

《Living With Books》 Alan Powers／著（Mitchell Beazley）

如何與書和平生活，是本書的主題。作者以不同的室內空間談書與人的互動關係，像廚房、臥房和浴室等。台灣的生活空間狹窄，不是每個人家裡都可以擁有一個書房，可是作者就是要告訴我們，其實到處都可以是書的藏身之處，我們隨時也可以與書為伍（同時不被書所掩沒也是很重要）──在拉門上、樓梯上（作者歸類為「odd spaces」）、牆壁上、廚櫃裡、走道旁、浴缸的讀書架上……另一個重點，是書不只是用來閱讀，它也可以是一種展示屋主品味的藏品、室內設計的重要工具，替空間營造出不同的氛圍。

作者說精緻的瓷器、食物和書三者同是生活中美好的事物，其實書與睡床、馬桶、陽台、泡泡浴……無論是哪種組合，只要有書的存在，美好的事情就可以在任何一個角落發生。（冼懿穎）

閱讀的流浪空間

《沒有記憶的城市：閱讀作家在曼哈頓的足跡》（Sehnsucht Manhattan）

莎賓娜・薛爾（Sabine Scholl）／著 楊夢茹／譯（立緒）

閱讀本書，猶如跟著作者腳步進行一趟文學紐約主題之旅。從自由女神的歡迎與愛莉絲島的囚禁開始，紐約就注定她自相矛盾的特質，她總是囫圇吞吃來自世界各地的記憶，最終不堪負荷而導致失憶。作者仔細檢視這顆受傷的大蘋果，翻掘出已被遺忘的敏感細緻的人文心靈，細述過去兩世紀曾在這裡活躍或隱匿過的上百個作家的生活點滴。他們有些是美國人，更多人來自歐洲、拉丁美洲或亞洲。對紐約的又愛又恨直接或間接地影響了他們的創作。史坦貝克說得最好：「紐約是座醜陋的城市、骯髒的城市……但有一點必須說明，住過紐約並以此為家的人，都會覺得再也沒有哪個城市比得上她。」同樣也因文化薈萃、變動快速而時常被指稱為「沒有記憶的城市」的台北，是否也該建立起自己的備忘錄？（蔡佳珊）

《尋找白鯨記》（In Search of Moby Dick）提姆・謝韋侖（Tim Severin）／著 余淑娟／譯（馬可孛羅）

梅爾維爾（Herman Melville）的《白鯨記》（Moby Dick），讓一隻神出鬼沒的白鯨成為神話般的存在，究竟它只是一則傳奇還是真實的生物，成了許多人想證實的目標。

《尋找白鯨記》的作者也在幾段親身經歷的奇航中，數次與抹香鯨擦身而過，讓他開始興起追蹤、研究之念。於是他翻洋渡海六千哩，沿著梅爾維爾的路線航行，跟隨著現代捕鯨人，一路上學習並記錄種種捕鯨相關知識、傳說、技巧與各地民俗文化，讓他對於捕鯨這項逐漸消失的生活方式有更深切的了解。不只是從獵殺、攻擊的角度來理解，他看到的是隱藏在《白鯨記》表面下的自然與人的和諧狀態。可惜，這些也已經快要消失了。（莊琬華）

《杜甫的五城》賴瑞和／著（爾雅）

帶著一本中國地圖以及一本「全國鐵路列車時刻表」，本書作者賴瑞和即展開他的中國火車之旅，一圓少年夢想。

本文由尋找杜甫的詩作：「五城何迢迢？迢迢隔河水」的五城為開端，一路到中國西北、西南、北方、東南等地，行走範圍涵蓋四萬公里，有乘坐高檔臥鋪、也有與一般民眾擠爆滿車廂，也住過滿地煙蒂、床單沒換洗過的小旅社。

藉著作者極佳的文字駕馭能力以及專業的史學背景，寫美食、寫人性、寫美景、寫文化特性，鋪陳出中國古城文物的美感以及歷史背景的文化縱深。

景點的美與自身的感受兩者相輔相成，是一本夾議夾敘，抒情評論兼具的極佳旅遊文學。（林良騏）

《西域記風塵：尋訪玄奘法師取經之路》 經典雜誌／編著（經典雜誌）

一千三百多年前，唐朝剛剛建立，一位年輕的僧侶玄奘自長安偷渡出境，「乘危遠邁，策杖孤征」。他一路穿過沙漠、橫越冰峰，甚至險遭盜賊毒手，為的是到達天竺求取佛經原典，以解決中國境內因翻譯不一而造成的混亂。他如願抵達恆河流域的佛法源頭，在名噪一時的大學──那爛陀寺留學數年，不僅學會梵文、熟習諸經，並且周遊五印，尋訪名師聖蹟。十九年後，玄奘榮成歸國，將此一長途旅行見聞撰成《大唐西域記》，記載了當時西域一百多個國家的地景風俗，在宗教、歷史和地理上皆意義非凡。經典採訪小組費心考據當年玄奘旅行路線的現址，並親往重溯其足跡所至之處，比照書中描述之風土人情與佛蹟的今日形貌，激盪出另一番時空交錯的新視野。精采的圖文相輔足以讓人撫今追昔、低迴不已。（蔡佳珊）

《童話地標的故事》陳福智／著（好讀）

為什麼安徒生的童話中充滿許多皚皚白雪的場景？格林童話為什麼又與森林息息相關？普希金與天鵝公主的金碧輝煌的城堡，又隱藏了什麼祕密？一千零一夜中的巴格達，究竟有什麼吸引力？還有皮諾丘誕生地那冷翠，愛麗絲夢遊仙境的所在──牛津，以及快樂王子的寒冬中的倫敦，當我們閱讀這些故事的時候，如何能不去想像一個相應的地方？

本書作者深度探尋了十二個童話發生的地點，不只是觀看，更回溯到數百年前的時光，試圖接近童話故事的作者，於是，時空的限制就神奇的消失了，或者說，讀者也一起進入了童話世界中。（莊琬華）

《文學地圖》（The Atlas of Literature）
馬爾坎‧布萊德貝里（Malcolm Bradbury）／編　趙閔文／譯　（昭明）

土地蘊生了文學，文學又滋養了土地。深刻的作品多來自作家居住與旅行之親身體驗，而作品的誕生往往又回過頭來豐富甚至改變了這些地方的文化意義。本書依時序自文藝復興時期說起，蒙恬的法國、珍‧奧斯汀的英國、馬克吐溫的密西西比河、卡夫卡的布拉格……一一躍然紙上，文中所附之詳盡地圖皆以顏色標明每個地點至今存在與否，可見編輯所費苦心。惟全書以歐美文學為主幹，東亞、拉丁美洲與非洲文學只在最後一章曇花一現，可說是這部世界文學地圖的未竟之功。（蔡佳珊）

《帶一本書去巴黎》林達／著（時報）

巴黎，除了鐵塔、博物館、咖啡館、凱旋門，還有什麼？看不到巴爾扎克的老巴黎、雨果的革命巴黎……，可是，那中世紀政教迫害懸掛千百人的城牆依舊屹立，陰暗窄小的監獄從書中跳到眼前，埋葬達文西的小教堂，容易讓人一晃而過，卻不知偉人長眠於此。

懷著長久的夢想，作者終於踏上巴黎，行旅中帶著雨果的《九三年》，他在書中已經漫遊巴黎千百次，到了實際的空間，時光差距已過數十年。舊巴黎、新巴黎，既熟悉又陌生，可是，每一則被隱匿的歷史陳跡依舊喃喃低語，唯有解語的旅人，方能與之產生對話，而林達，就是精透的解語者，他在書中與巴黎相遇，在巴黎與歷史相遇。（莊琬華）

《書裡的風景》愷蒂／著（遠流）

喜歡愷蒂筆下流轉的溫暖，沒有一般書介或書評的冰冷理性，也沒有叨叨不休、無聊雜沓的作家流水帳紀事，也許是旅居英倫，在地的近距離觀察和一手資訊取得，讓筆下的英倫作家群像生動活潑了起來。全書除了「文化鱗爪」點綴性地描述了西書的裝幀歷史，以及速寫企鵝出版社掀起廉價平裝書的熱潮和百年雜誌老店《笨拙》的歐美關門之外，〈書緣情緣〉、〈英倫文事〉、〈外鄉山水〉等篇章寫的通抵是英倫作家的生平軼事與其作品的交互觀照，勾勒出一幅幅作家素描，讓讀者更貼近作家筆下的風景和文字背後的現實人生，直接或間接點燃讀者閱讀的欲望。他們在真實與虛擬之間穿梭，超越自己人生的無奈，成就文壇上的盛名，為讀者建構了一個永恆的心靈世界，引人發噱或落淚。編者也貼心地蒐羅了作家出版的中文書目，方便有心讀者上窮碧落下黃泉。（劉慧麗）

《唐詩地圖》姚穎、彭程／著（德威）

說到唐朝，吾人第一印象莫不為唐太宗、武則天、還有李白了。作為第一個高度國際化的朝代，唐朝開創了一個前所未有文化格局。在文明快速進展中，文人輩出，孕育出大量傳頌至今的詩歌作品。

本書以全唐詩為腳本，以李白為開端，包含了杜甫、白居易、孟浩然、王維等來多名詩人朗朗上口的作品，實地探索了詩中各個景點，足跡遍及中國。既寫景色風光，亦寫史地背景。同時引述者民俗傳說，穿插詩人一生傳奇故事。

作為一本以唐詩、歷史、地理、景色四者所架構的旅遊文學，作者也另外加入了長期專研中國文化後的觀察，讓人除了可以臥遊山水之外，也能感受中國獨特的人文原味。（林良騏）

《尋找魯濱遜》（In Search of Robinson Crusoe）高橋大輔／著　陳寶蓮／譯（馬可孛羅）

從事廣告業的日本人高橋大輔，因為在《世界探險史》裡發現從小到大著迷的魯濱遜竟然真有其人時，而興起了親訪魯濱遜的念頭，並展開他為期六年的探險之旅。

從一連串的史料、相關著述，到各種傳言，他前往魯濱遜出生的拉葛村，尋找魯濱遜飄流孤島時居住的小屋，並親身體驗將物質減到最低的荒原生活。

身為英國皇家地理學會和美國探險家俱樂部會員的高橋大輔，以驚人的勇氣與耐心，共繞行了近乎地球四周半的距離。他經歷許多的挫折、危險，也遇到不少驚奇與感動。探訪魯濱遜已不只是一段旅程，更是高橋大輔生命裡極有意義的一段追尋。（詮斐）

《牛津文學地圖》（Oxford：A Culture and Literary Companion）
大衛‧霍倫（David Horan）／著　陳松全／譯（milk牛奶）

牛津是世界上最有名的大學城之一。儘管牛津市政府和牛津大學一直處於對立的狀態之下，牛津大學還是全世界的人到訪牛津的最重要理由，也是讓牛津影響整個英國社會、政治生態的最重要的學校。《牛津文學地圖》別出心裁地以十二位名人的牛津足跡為經，延伸出各人的活動地理線路，構成一幅具體而清晰的大學城地理、歷史行旅介紹。第一次到牛津的旅人，會發現所謂大學城竟是如此把讀書與生活緊密地結合在一起，校區與城區是合而為一的，讓整個生活都與閱讀、研究結合在一起，這大概是對熱愛閱讀者最誘人的生活方式了吧。（林盈志）

閱讀的公共空間

《書香故宮》 向斯／著（實學社）

當蕭何進入咸陽，不像其他官兵搶掠金銀美女，而是入宮封存府庫，盡收秦氏御史律令圖書，這一刻就已奠定了大漢一朝光輝文化的基礎。諷刺的是，此後新的征服者，進入被征服者的國家，莫不盡收其府庫藏書以為己用，造成所有的中國重要典籍，就如同尼采所言永劫回歸一般，在南京、北京、汴京間不停的流浪和停駐，而書籍的毀壞和保存卻是同存共在。癡戀書籍古物的知識分子，已經無法分辨究竟這是無法承受的輕亦或是重了。

古書典籍本身已經足夠令人窮其一生癡癡迷戀，更何況是進入一個隨時間推動，書與人不停碰撞，堆砌書架構出充滿古意書香的空間，向斯以其一貫旁觀者的角度，條理出歷代中國皇帝保存整理典籍的歷史，並彙整出善本、珍本、孤本、版本的分別。（林良騏）

《半世紀舊書回味：從牯嶺街到光華商場》 李志銘／著（群學）

一個沒有舊書店的城市是無情的，幸好，台北有它的故事可說。從早期牯嶺街、光華商場的舊書市集，到現今分散台大、公館等地區的二手書店……本書詳細勾勒了自1945年以來，台北舊書（業）半世紀的變遷圖譜。造成這種地域性的聚集、移轉與分散的原因，僅討論書店與讀者的關係是不足的，作者將範圍擴大，把整個影響舊書發展的線頭一一拉出：那是整個都市結構轉型，以及出版社、書商乃至於廢紙回收市場的共同作用所致。在這裡，作者一方面是理性的分析者，一方面又是深情的舊書愛好人，遂使得這本由碩士論文改寫的書籍，與讀者少了一分距離。（藍嘉俊）

《藏書考：圖書館的誕生與沿革》（Libraries in the Ancient World）
萊諾·卡森（Lionel Casson）／著 張曌菲／譯（新新聞）

圖書館是知識傳播的重鎮，也是閱讀的最佳所在。但是（西方的）圖書館是怎樣發展起來的？《藏書考》提供了自西元前三千年到西元四、五世紀間，在地理上橫跨西亞、埃及、希臘及羅馬地區的藏書發展。早期的圖書館因應著當時記錄文字工具的不同而各有其儲存、編目的方式，甚至連初期發展出來的書籍販售行業也納入討論，可以由書籍的流佈方式管窺古代的生活面貌。雖然是依賴大量人類學資料產生的著作，但卻非常生動，也因為作者的古典學專長，讓這本書成為一本有趣且具參考價值的西方圖書館發展史。（林盈志）

《圖書館百變新貌》 內藤毅／著 鍾憲／譯（三思堂）

一座城市到底需要多少家圖書館，才能滿足各種閱讀的渴望？這個問題其實沒有標準答案（至少無上限），但本書的副書名或許可供參考——「日本東京100家最具特色的圖書館權威指南」。

書中先談專門圖書館，除了常見的文學、美術、音樂、電影、佛教、航空等類別，還有玩具、刑事、相撲、睡眠、消費者情報、料理、鯨類、水、設有品酒室的日本酒圖書館，以及收藏與「書」有關的圖書館，連館員都是腹笥甚廣的超級書探。第二部談設計有趣、別出心裁的公共圖書館，例如火車車廂改裝的圖書館、榻榻米式的閱覽室，以及可在櫻花樹下展讀的圖書館……。一百家圖書館的專業規畫與圖書管理方式各異，唯一的共同點就是同樣具備召喚讀者的魔力。（劉詢）

《書店風景》 鍾芳玲／著（宏觀）

台灣的書店早年獨具特色者不在少數，但隨著連鎖書店的興起，中產階級式的書店裝潢與展售書種，逐漸獨霸了書店市場的風景。本書羅列了歐美各類令人注目的書店：原來，書店不僅僅是一處賣書堆書的空間而已，有些書店個人色彩濃厚，讓書店的存在成為一種追求理想與實踐夢想的象徵。有些書店專售某種主題，提供熱中此道的同好獲取完整知識與最新情報的據點，有些書店奠基於某種主張，企望靠著知識的載體來壯大己身的力量。還有些書店對善本書、完整套書、海內外孤本等歷史意義重大書籍之重視程度，與圖書館相比有過之而無不及。閱讀此書，可令讀者跳脫台灣書店的刻板印象，領略書店萬千風貌。（陳彥仲）

《蠹魚頭的舊書店地圖》 傅月庵／著（遠流）

時常在網路迤巡的愛書人，對於本書著者傅月庵應不陌生，書名冠以蠹魚頭，實陳該書為其私人經驗談訴。全書通分為四部分，是為〈舊書之夢〉、〈舊書地圖〉、〈舊書家族〉、〈舊書哀樂〉。

〈舊書之夢〉為舊書入門二十問，起始於分辨「古書」、「舊書」、「珍本」、「二手書」，終於「舊書哲學」，若對舊書有所疑問，這兒供提了相當的基礎。〈舊書地圖〉略述台北舊書市的興衰變遷，除文字敘陳外佐以插畫實況。〈舊書家族〉概說戰後台灣出版狀況，簡述文星、大業、明華……等出版系統之身世背景，除了為戰後出版小史，更有助於穿梭舊書市引為價值判別之用。〈舊書哀樂〉則輯其關於舊書的散文。另附錄列舉禁書目錄，並詳列台灣現有舊書店的相關資料及各家特色。總觀，對於有意蒐淘舊書者，絕對是值堪備案的參考書籍。（賴譽夫）

《東京讀書筆記本‧新宿街頭照相簿》 辜振豐／著 （新新聞）

若提到東京，首先想到的關連字前三名恐怕不會和「讀書」沾上一點邊，而以「東京」為書名之首的本書要介紹給讀者的卻是：東京何處可以逛書店。事實上，東京不只是消費的天堂或是偶像劇迷的朝聖地，東京擁有大中小各種規模的書店以及種類豐富的出版品，可以滿足嗜好最新資訊的愛書人。

本書製作成輕薄短小適於外出攜帶的「文庫本」，內容資訊包括書店地理位置導覽、各大書店的發展沿革與經營特色，以及書店各樓層（或是各平面區塊）簡介。除了書店與書，與書相關之種種議題，如：日本文壇現象、作家群像、讀書風潮走向等等也包含在內，其中並有專文介紹日本出版市場中具代表性的系列雜誌，是相當實用的資訊。 （陳彥仲）

《北京琉璃廠》 葉祖孚／著 （北京燕山）

有些人，例如舊書迷，常會對某些城市有特定的聯想，好比東京的神保町，倫敦的查令十字路，巴黎的塞納河畔，以及，北京的琉璃廠。

是的，琉璃廠，一條歷經數百年變遷的舊書古玩街。只是，原本在元代為燒製琉璃瓦件的地方，為何清初卻逐漸演變成京都的文化中心？在彼時尚無公共圖書館的情形下，它如何扮演起類似的角色？政治的變革及現代化潮流又是怎樣衝擊街的生態？本書除了徵引史料文獻，詳析其淵源脈絡及著名古書店，更記敘了歷來文人學者鍾愛此街，相濡於其間，甚且在書賈協助下開展學術研究的佳聞軼事。也因為這條充滿文化氣味的舊書街，古城從此有了溫度。 （劉珣）

《書店風雲錄》 田口久美子／著　黃柏華／譯 （高談）

能夠收藏大量書籍的空間，除了圖書館，就屬於書店了。作為一個讀者，也許書店只是提供購買書籍的地方，但是，書店絕對不是一個簡單的地方，因為一本書到底能不能到讀者手上，所有環節都決定於書店的操作。

本書作者擁有超過二十年的書店工作經驗，經歷日本各大、小、獨立、連鎖書店發展與頹圮，自然熟悉所有關鍵：細微到一本書如何被陳列在書架上，是否進書補貨，宏觀到連鎖活動的運作執行，書店的總體經營策略，與書文化的建立（的確是建立），如何影響整個世代的閱讀者。除了憑藉記憶、資料，作者亦訪問諸多從業人員，客觀記錄與分析一個繁華時代的閱讀面貌。 （莊琬華）

《香港書店巡禮》 翁文英、方禮年、徐振邦／著 （獲益）

「文化沙漠」的所在地，一致也一直被認定為香港，本書便為此汙名作出了一次平反。本書按書店販賣的書籍性質分成十一個篇章，包括：文史哲、宗教、藝術、外文、值得懷念的書店等等。作者一方面透過對書店經營者的訪問，帶出了各書店的歷史演變；「書店，到底是沾著文化芬芳的」，偶爾來個感性的話語，則為該書店添上了獨特的情懷。

香港沒有二十四小時的書店，但是卻有為數不少的二樓書店，昂貴的租金締造了香港書店的特色，像樂文、田園、青文等等都是比較有名的二樓書店。除了較為人所知，或其他連鎖書店像商務、三聯、中華的介紹外，本書還包括了一些也許連香港本地人也沒有留意其存在或曾經存在過的小型書店，像專賣大陸圖書的匯川書局、專營音樂圖書和錄影帶的威德書屋、代理南懷瑾著作的香港青年出版社等等，都各具特色。 （冼懿穎）

《台灣書店地圖》 陸妍君／著 （晨星）

伴隨著每年近三萬種新書上市，書店似乎只有朝向風格化、特色化的方向前進，才能演化出更深度完整詮釋這麼多書籍的能力。

也因為這種演化，台灣各個城市鄉村、街頭巷尾，或喧囂或孤傲的出現了形形色色的各式書店。

本書將各式書店分成主題書店、獨立書店、連鎖書店、古董／二手書店等四大類型，再從中劃分出藝術、人文、語言、國內、國際、北中南部等各個細項。書中巨細靡遺地道出這些書店出現的歷史淵遠、書店老闆的個人特色、創立原由、書店大事記、歷史變遷等，加上精美圖片，讀來可說饒富趣味。 （林良騏）

《咖啡時代》 沈孟穎／著 （遠足）

近年來，迷戀咖啡所衍生而成的新城市文化氛圍，快速地在台灣都會區瀰漫著，咖啡館型態之於閱讀空間的探索，也是有趣的一環。本書巨細靡遺的記錄與整理出台灣近百年來咖啡館文化的興起與發展脈絡，並說明長期在歐美及日本文化的影響下，咖啡館的空間形式如何產生轉變。咖啡館於五○年代以來一直被視為「文學生產的場所」，更提供了早期文學創作的素材與資源，台灣的咖啡館從早期文藝創作啟蒙場所、藝文界討論議題與親密結社的文藝公共領域，至今演變成一般人休閒與修養的新飲食文化空間，成為都市中文化積累的重要展現場所之一。 （Tutu）

Net and Books 網路與書的書目

0 試刊號

>特集
閱讀法國
從4200筆法文中譯的書單裡，篩選出最終50種閱讀法國不能不讀的書。從《羅蘭之歌》到《追憶似水年華》，每種書都有介紹和版本推薦。

定價：新台幣150元

存量有限。請儘速珍藏這本性質特殊的試刊號。

1 《閱讀的風貌》

試刊號之後六個月，才改變型態推出的主題書。第一本《閱讀的風貌》以人類六千年閱讀的歷史與發展為主題。包括書籍與網路閱讀的發展，都在這個主題之下，結合文字與大量的圖片，有精彩的展現。本書中並包含《台灣都會區閱讀習慣調查》。

定價：新台幣280元

2 《詩戀Pi》

在一個只知外沿擴展的世界中，在一個少了韻律與節奏的世界中，我們只能讀詩，最有力的文章也只是用繩索固定在地面的熱氣球。而詩則不然。
（人類五千年來的詩的歷史，也整理在這本書中。）

定價：新台幣280元

3 《財富地圖》

如果我們沒法體認財富、富裕，以及富翁三者的差異，必定對「致富」一事產生觀念上的偏差與行為上的錯亂。本期包含：財富的觀念與方法探討、財富的歷史社會意義、古今富翁群像、50本大字級的致富書單，以及《台灣地區財富觀調查報告》。

定價：新台幣280元

4 《做愛情》

愛情經常淪為情人節的商品，性則只能做，不能說，長期鎖入私密語言的衣櫃。本期將做愛與愛情結合，大聲張揚。從文學、歷史、哲學、社會現象、大眾文化的角度解讀「做愛情」，把愛情的概念複雜化。用攝影呈現現代關係的多面，把玩愛情的細部趣味。除了高潮迭起的視聽閱讀推薦，並增加小說創作單元。

定價：新台幣280元

5 《詞典的兩個世界》

本書談詞典的四件事情：1.詞典與人類歷史、文化的發展，密不可分的關係。2.詞典的內部世界，以及編輯詞典的人物與掌故。3.怎樣挑選、使用適合自己的詞典——這個部分只限於中文及英文的語文學習詞典，不包括其他種類的詞典。4.詞典的未來：談詞典的最新發展趨勢。

定價：新台幣280元

6 《移動在瘟疫蔓延時》

過去，移動有各種不同的面貌與定義，冷戰結束後，人類的移動第一次真正達全球化，移動的各種面貌與定義也日益混合。2003年，戰爭的烽火再起，SARS的病毒形同瘟疫，於是，新的壁壘出現，我們必須重新思考移動的形式與內容。32頁別冊：移動與傳染病與SARS。

定價：新台幣280元

7 《健康的時尚》

這個專題探討的重點：什麼是疾病；怎樣知道如何照顧自己，並且知道不同的醫療系統的作用與限制；什麼是健康，以及如何選擇自己的生活風格來提升自己的生命力。如同以往，本書也對醫療與健康的歷史做了總的回顧。

定價：新台幣280元

8 《一個人》

單身的人有著情感、經濟與活動上的自由，但又必須面對無人分享、分憂或孤寂的問題。不只是婚姻定義上的單身，「一個人」的狀態其實每個人都會遇到，它以各種形式出現，是極為重要的生命情境或態度。在單身與個人化社會的趨勢裡，本書探討了一個人的各種狀態、歷史、本質、價值與方法。

定價：新台幣280元

9 《閱讀的狩獵》

閱讀就是一種狩獵的經驗。每個人都可以成為狩獵者，而狩獵的對象也許是一本書、一個人物、一個概念。這次主要分析閱讀的狩獵在今天出現了哪些歷史性的變化、獵人各種不同的形態，細味他們的狩獵經驗、探討如何利用各種工具有系統地狩獵，以及回顧過去曾出現過的禁獵者及相關的歷史。這本書獻給所有知識的狩獵者。

定價：新台幣280元

10 《書的迷戀》

從迷戀到癡狂，我們對書的情緒有著各種不同的層次。本書要討論的是，為什麼人對書的實體那樣執著？比起獲取書裡的知識，他們更看重擁有書籍的本身。中西古書在形態和市場價值上差別如此大，我們不能不沉思其背後的許多因素。本書探討：書籍型態的發展、書癡的狂與精神面貌、分享他們搜書、藏書和護書經驗，及如何展現自己的收藏。

定價：新台幣280元

11 《去玩吧！》

玩，就是一種跳脫制式常軌的狀態或心情。玩是一種越界。雖然玩是人的天性，卻需要能量，需要學習。本書分析了玩的歷史與文化，同時探討玩的各種層次：一生的玩，結合瘋狂與異想；一年的玩，結合旅行與度假；一週的玩，作為生活節奏的調節與抒解；每天的玩，一些放鬆與休息。藉此，勾動讀者想玩的心情與行動。

定價：新台幣280元

國家圖書館出版品預行編目資料

閱讀的所在＝Space for reading／劉慧麗主編．
-- 初版．
-- 臺北市：網路與書，2005〔民94〕
面； 公分. -- (網路與書雜誌書；18)
ISBN 986-80786-5-2 (平裝)

1. 讀書 - 文集

019.07   94013350

12 《我的人生很希臘》

古希臘以輝煌的人文和科學成就，開歐洲思想風氣之先，而今日希臘又以藍天碧海小白屋，吸引全世界人們流連忘返。其實，希臘不必遠求，生活週遭處處都隱含著希臘之光。到底希臘的魅力從何而生？希臘的影響又有多麼深遠？看了這本書你就會了然於心。

定價：新台幣280元

13 《命運》

每個人存活在世界上，多少都曾經感受到命運的力量。有時我們覺得命運掌控了我們，有時我們又覺得輕易解脫了它的束縛，一切操之在我。到底命運是什麼？以及，什麼是命？什麼又是運？本書除了對命運與其相關詞彙提出解釋外，還縷述不同宗教、文化對於命運的觀點，以及自由意志展現的可能。此外，還有關於命運主題的小說、攝影、繪本等創作。

定價：新台幣280元

14 《音樂事情》

從原始的歌到樂器的發明；從留聲機時代的爵士樂到錄音帶音樂；從隨身聽、ＭＴＶ到數位化的iPod，聽音樂的模式一直在改變。本書談的是音樂的力量，如何感動人，以及在社會文化層面上產生影響力。經歷民歌、情歌、台語搖滾時代，今後的創作者又將面臨什麼情況？

本書內含《音與樂》CD

定價：新台幣280元

15 《我窩故我在》

家，是人誕生之處，也是心安頓之所。家有多重的意義：房屋，代表一種遮蔽；窩，代表一種自在；家庭，代表一種歸屬；家鄉，代表一種回憶。從前這四種組合是一體的，現今則可能分散各處。時代與環境變化無常，能夠掌握的就是自己的窩了。本書以自己的窩為主軸，探討屋、窩、家人及家鄉的四種精神與作用。

定價：新台幣280元

16 《記憶有一座宮殿》

在種種高科技記憶載體推陳出新、功能日益強大的時代，我們該如何重新看待腦中儲存的記憶？本書指出，大腦的「倉庫」功能，現在可由許多外掛載體勝任，而我們應把大腦視為一座儲存珍貴事物的「宮殿」，每個人都可獨力打造屬於自己的記憶之宮。書中也深入探討記得、遺忘與個人生命的深刻鏈結，並展示歷史與文化集體記憶的萬千風貌。

定價：新台幣280元

17 《癖理由》

「人無癖不可與交」，癖其實就是每個人的獨特個性，也是嗜好的「極致」；癖到極至，就成為一種能力和能量。今天「個人」與「富裕」的社會，提供了適合癖的環境；網路發達，使得癖的同好容易交流，但這兩個條件的搭配，一不小心會使「癖」只是一種流行。分不清「癖」與「習性」或「嗜好」，很嚴重。我們需要區別癖的本尊，不能錯認分身與變身。

定價：新台幣280元

18 《閱讀的所在》

閱讀，需要有一個空間作基礎。從浴室、書房等私密角落，到咖啡館、書店、公園、圖書館等公共空間，或是飛機等移動工具，乃至於整個文化城市，不同形式的空間提供了不同的氛圍，讓閱讀產生了豐富的化學變化。本書構成了閱讀者與各種環境的交響曲，那是一幅幅動人的風景，也體現了閱讀無所不在的精神。

定價：新台幣280元

Net and Books 網路與書　訂購方法

「網路與書」系列預購

☐二年12本（自　　　年　　　月起）定價新台幣 2800元×_____套＝_____元

☐一年6本（自　　　年　　　月起）定價新台幣 1400元×_____套＝_____元

以上均以平寄。如需掛號，

☐預購12本，每套加收掛號費240元

☐預購6本，每套加收掛號費120元

感謝您訂購「網路與書」系列，如需購買單書，請參考本書書目後詳細填寫下列資料，
以傳真方式傳回，我們將儘速為您服務。

書名	數量	金額合計
◎購書不足500元，需負擔郵資40元。	總計：	元

訂 購 人：_____　生日：_____年____月____日　　性別：☐男　☐女

身分證字號：_____　　E-mail：_____

聯絡電話：_____　　傳真：_____

☐二聯式發票　☐三聯式發票抬頭：_____　　統一編號：_____

郵寄地址：☐☐☐－☐☐_____

付款方式：☐劃撥　　☐ATM轉帳繳款　　☐信用卡	
劃撥	劃撥帳號：19542850，劃撥戶名：英屬蓋曼群島商 網路與書股份有限公司 台灣分公司
ATM轉帳	台北富邦銀行（代碼012）帳號：530-102-812920
信用卡	卡　別：☐VISA　　　☐MASTER　　　☐聯合信用卡 信用卡號：_____-_____-_____-_____　有效日期：　年　　月 信用卡背面簽名欄上數字後三碼 _____ 發卡銀行：_____　訂購金額：_____元整 持卡人簽名：_____　　（與信用卡背面相同）

請填妥訂購單郵寄或傳真至　（02）2545-2951

如尚有任何疑問，歡迎電洽「網路與書」讀者服務部 ● 服務專線：0800-252-500　傳真專線：886-2-2545-2951
地址：台北市105南京東路四段25號10樓之一 ● E-mail：help@netandbooks.com